8050問題の深層

「限界家族」をどう救うか

川北 稔 Kawakita Minoru

NHK出版新書
596

はじめに

社会に衝撃を与えた2つの事件

2019年5月28日朝、神奈川県川崎市多摩区登戸駅近くでスクールバスを待つ小学生らに両手に刃物を持った男（50代）が突然襲いかかった。この事件で小学校6年生の女児と、別の児童の見送りに来ていた父親が殺害され、負傷者は18人にのぼった。

その4日後の6月1日、東京都練馬区に住む父親（70代）が、「運動会の音がうるさい」と暴れはじめた息子（40代）の胸などを包丁で刺し、息子は搬送先の病院で死亡が確認された。父親は、息子による家庭内暴力があったことを明らかにし、ひきこもり傾向にあったこの息子が川崎と同様の事件を起こすことを恐れて殺害に至ったと捜査関係者に話したという。

川崎の事件の加害者、練馬の事件の被害者が「ひきこもり」に近い状態にあったと報じられ、社会に大きな波紋がひろがった。しかし、確認しておきたい。「ひきこもり」状態であることが直接事件につながるわけではない。また、川崎の事件のような無差別殺傷事件は、殺人のなかでも極めてまれなケースだ。筆者は事件直後のNHKの「日曜討論」（6月2日放送）でも同様のことを述べたが、こうした事件が起きる理由は単純に説明できるものではない。被疑者が暴力的傾向をどうエスカレートさせたのか、本人のパーソナリティの特徴が事件にどう関わったのかなど、真相の解明が待たれる。

明らかになった中高年ひきこもりの実態

事件後、ひきこもり支援に携わる団体や行政の相談窓口では、親たちからの相談が急増したという。

「まさか自分の子どもが川崎で起きたような事件を起こすとは思わないけれど、報道が続いているので、この機会に窓口を訪ねてみた」

未婚・無職の40代の息子と同居する高齢の親がそう語る。

練馬の事件のように、子どもを手にかけることは、多くの親にとって考えられない行動だ。一方、「自分たちも息子のことを誰にも相談できずに、数十年がたってしまった」という悲痛な声も聞かれる。ひきこもりに関する相談先が分からない、ひきこもる子どもがいることを他人に話せない、社会から孤立している——。同じ問題を抱える多くの親たちは、練馬の事件の父親に自分たちの姿を重ねたのかもしれない。

内閣府は事件の約2か月前の2019年3月、ひきこもり状態にある40歳以上の人は全国で推計61万人を超えると発表。中高年を対象にした調査はこれが初めてで、ひきこもりの実態が一部明らかになった。

中高年層でひきこもり状態に該当する人の推計数は若年層のそれを超えた。これを受けて内閣府の北風幸一《きたかぜこういち》参事官は「想像していたより多い。ひきこもりは決して若者特有の現象でないことが分かった」と述べ、ひきこもりの長期化・高年齢化が深刻な状況にあることを伝えた。

高齢化・未婚化と「8050」家族

じつは、中高年の子をもつ家族の不安や悩みは、ひきこもる若者やその家族の相談を受ける支援現場ではすでによく知られていた。各自治体による実態調査のなかでは、2013年ごろから40歳以上の事例が多いことが報告され始めている。

川崎の事件でも、加害者と同居していたおじやおばは、介護の導入をきっかけに行政の窓口にひきこもりの相談を始めていた。「８０５０問題《はちまるごーまる》」といわれるように、80代の高齢の親が、50代の無職やひきこもり状態の子どもと同居し、経済的な困窮や社会的孤立に至る世帯が増えている。本書では、８０５０問題を「高齢の親」と「壮年期の子ども」の同居から生じる社会的な課題としてとらえていく。具体的には、支援の対象になりにくい40歳以上の子どもをもつ家族が焦点となる。

日本の高齢化は２０４０年ごろまで続くとされ、未婚化も同じ時期まで止まる気配がない。孤立する家族の増加は、直視すべき現実なのだ。

社会学と支援現場の対話を通じてみるひきこもり問題

筆者は２００１年ごろから、文部科学省の科学研究費助成事業などを活用し、社会学の立場からひきこもりの支援に関する研究を続けてきた。

実態調査や支援現場のフィールドワークを通じて感じるのは、ひきこもる子をもつ親の苦境は、「何歳まで親の役割を続けるのか」「親離れ・子離れのタイミングはいつなのか」など、ありふれた家族の悩みに通じる部分があるということだ。長寿化が進み、子どもが成人したあとも親子関係が長く続く分、その関係をめぐる悩みは多様化している。限界まで悩みを抱える家族の問題は、一過性のニュースでもなければ、特殊なケースでもない。

本書は四章構成で、前半の二章では8050問題の実態を伝え、後半の二章では問題解決の糸口を探る。支援の具体策に関心がある人は、第三章から読んでもよいだろう。

まず第一章では、本書を読み進めていただくために必要な「ひきこもり」に関する基礎知識をお伝えしたうえで、壮年期のひきこもる子をもつ親の心理に注目する。親子関係の悪化、親による子育ての責任という意識、支援体制の不十分さなど、ひきこもりの悩みを家庭の外にオープンにすることを何重もの壁がはばんでいる実態を明らかにする。

第二章では、8050家族の多様な実態をレポートする。子どものひきこもりを理由に介護や援助を断る親、親が施設に入ったり亡くなったりしたあと完全に社会から孤立する子どもなど、ひきこもりにとどまらない社会的孤立の重なりや深まりを浮かび上がらせる。

第三章では、ひきこもり支援の標準的な流れを紹介するとともに、支援体制が抱える課題を掘り下げる。「就労支援」や「居場所型支援」などの既存の支援メニューにとらわれず、支援対象者のニーズを包括的にとらえた「伴走型支援」の必要性を論じる。

最終章では、家族や本人が抱える苦悩、また支援現場が直面する困難の奥底に、これまでの家族観の限界が存在することを論じていく。

ひきこもる人への支援に万能の解決策は存在しない。本人や家族、支援者の葛藤を伝えるため、第三章と第四章のあとには、愛知県を拠点に活動するNPO法人（特定非営利活動法人）オレンジの会の山田孝介氏の執筆による、実際の支援現場の詳細なドキュメントを収録した。それらは従来のひきこもり支援の枠を超えた伴走型支援の実例として読むことができるだろう。

８０５０問題をどう乗り越えるのか

平成の時代、高齢化や未婚化といった人口構造の変化により、家族を取り巻く環境は大きく変化した。昭和の時代に理想とされた家族像や親子関係は、もはや成り立ちにくい。だが、人々の家族への期待はむしろ高まっている。家族の問題を外部に相談しづらいことは練馬の事件が示すとおりである。社会の変化にもかかわらず、旧来型の家族像にすがり続けることは、社会的孤立を深めることにつながりかねない。

そして、この社会的孤立は他人事《ひとごと》ではない。自分を含む家族が、精神的にも体力的にも経済的にも限界を迎えないよう私たち一人一人が家族の現実を見極め、新しい時代を生きる知恵をつけることが必要なのではないだろうか。

「限界家族」という副題は、精神的にも体力的にも経済的にもぎりぎりの状態まで追い込まれた家族の実態と、そうした状況においても社会とのつながりをもつことなく、家族間だけで支え合わなければならないという家族像の限界を表している。

令和という新しい時代が明けて間もないころ、2つの不幸な事件が世間を揺るがした。事件自体は、ひきこもり問題と直接関連するものではないが、今回明らかになった社会的孤立をめぐる家族の悩みは決して一部の人に限られるものではない。

社会は孤立した家族にどのように手を差し伸べることができるのか。また、私たちは「親」や「子」としてどう生きていくべきなのか。本書をとおして読者の皆さんと一緒に考えていきたい。

８０５０問題の深層――「限界家族」をどう救うか　目次

第一章　終わらない子育て

家庭に閉じ込められるひきこもり問題

「はじめに」で触れた練馬区の事件（2019年6月）後、息子を殺害した父親について世間ではさまざまな反応があったが、こんなふうに評する人もいた。

「父親はどんな思いで我が子を手にかけたのだろう。決して好き好んで子どもを殺したわけではない。親としての責任を果たそうとしたのではないか」

「苦渋の決断まで追い込まれた父親の情状をくんで、罪を軽くしてほしい」

責任感の強い役人であったとされる父親の性格と結びつけ、子どもが他人に迷惑をかける前に自ら加害者となったことを容認するような声も聞かれる。確かに家庭内暴力に悩む親の心情を簡単にうかがい知ることはできない。それでも我が子を殺《あや》めるという最悪の結末を迎える前に、父親はできるかぎりの手を尽くしたといえるのだろうか。

この家族が、息子の家庭内暴力について公的な窓口などに相談した形跡はないという。むしろ「家族の問題を外部に相談する」という選択を、かたくなに拒んだ可能性もある。

本章では、ひきこもり問題や8050問題の現実とともに、こうした課題を家族のなかに閉じ込める心理について考えていきたい。その深層に隠れているのが、いくら高齢になっても、たとえ子どもから自分には対応できない暴力を受けていても「親であることを降りられない」心理である。

ひきこもりとは

本題に入る前に、「ひきこもり」とは何かを確認しておこう。ひとことで言えば、ひきこもりとは社会に参加することがなく、家庭を中心に生活している「状態」のことである。誰でもこの状態を経験することはありうる。本書でも「彼はひきこもりだ」というように「人」を指すのではなく、「状態」を指してこの言葉を使うことにしたい。

厚生労働省の「ひきこもりの評価・支援に関するガイドライン」（２０１０）では、ひきこもりを、次のように定義している。

> 様々な要因の結果として社会的参加（義務教育を含む就学、非常勤職を含む就労、家庭外での交遊など）を回避し、原則的には６ヵ月以上にわたって概ね家庭にとどまり続けている状態（他者と交わらない形での外出をしていてもよい）を指す現象概念である。

100万人を超えたひきこもり人口

2019年3月、内閣府は40歳から64歳までのひきこもり状態にある人は全国で61・3万人にのぼると発表した。前述のとおり中高年層を対象に含めた調査はこれが初めてだ。

これより3年前の調査では、15歳から39歳までのいわゆる若年層ひきこもり状態の人を54・1万人と推計。この調査では、40歳以上は対象外とされていたため、「中高年の事例も多いはずだ」「調査対象の年齢をひろげるべきだ」といった声が多く寄せられた。そのため内閣府では対象をひろげた調査を実施。2つの調査結果の合計から、ひきこもり状態にある人は、全国で100万人を超えた。

調査の概要をみてみよう。2016年の「若者の生活に関する調査（以下、39歳までの調査）」は、15歳から39歳までの3115人を対象に実施。「ひきこもり」状態にある人は49人（有効回収率に占める割合は1・57％）だった。総務省の人口推計（2015）によると、15歳から39歳の人口は3445万人なので、ひきこもりの推計は前述のとおり54・1万人となる（**図表1-1**）。

一方、2019年の「生活状況に関する調査（以下、40歳以上の調査）」は、40歳から64歳までの3248人を対象に実施された。ひきこもり状態にある人は47人（有効回収数に占め

図表1-1　ひきこもり状態に当てはまる人の割合と人口推計

	2016年調査（15～39歳）		2019年調査（40～64歳）	
	該当人数の割合（%）	人口推計（万人）	該当人数の割合（%）	人口推計（万人）
(A) ふだんは家にいるが、自分の趣味に関する用事のときだけ外出する	1.06	36.5	0.58	24.8
(B) ふだんは家にいるが、近所のコンビニなどには出かける	0.35	12.1	0.65	27.4
(B) 自室からは出るが、家からは出ない　又は自室からほとんど出ない	0.16	5.5	0.22	9.1
(C) 計	1.57	54.1	1.45	61.3

内閣府「若者の生活に関する調査報告書」(2016)・「生活状況に関する調査報告書」(2019) より作成

る割合は1・45％）だった。総務省の人口推計（2018）によると、40歳から64歳の人口は4235万人なので、ひきこもりの推計は61・3万人となる。

ひきこもり状態の多様化

ひとくちにひきこもりといっても、その定義に該当する状態は幅広い。39歳までの調査では、ふだんは家にいるが、自分の趣味に関する用事のときだけ外出する「準ひきこもり（A）」（図表1-1）にあたる人が49人のうち、33人（有効回収数に占める割合は1・06％）いた。

また、ふだんは家にいるが、近所のコンビニなどには出かける人が11人（同割合

0・35%)、自室からは出るが、家からは出ない、または自室からほとんど出ない「狭義のひきこもり(B)」にあたる人が5人(同割合0・16%)だった。準ひきこもり状態にある人と、狭義のひきこもりにあたる人を総称して、「広義のひきこもり(C)」状態という。

なお、ひきこもりに該当する人には男性が多く、39歳までの調査で63・3%、40歳以上の調査で76・6%が男性だった。

この調査は、全国を対象にしたものではあるが、サンプルの規模は必ずしも大きくない。回答者のなかでひきこもり状態に当てはまる人の数も、多角的な分析をしていくには十分とはいえない。第二章で触れるが、より多角的に社会的孤立の実態をとらえる試みも求められる。

きっかけと期間

ひきこもり状態になるきっかけも多様である。いじめや不登校、受験や就職活動での失敗、何十年も会社勤めをしていた人がリストラにあう、夫の転勤で知人のいない地域に移ったことなどがきっかけとなるケースなどもある。そのスタート時期も状態が続く期間もさまざまである。

図表 1-2　小中学校時代の学校での経験（複数回答）

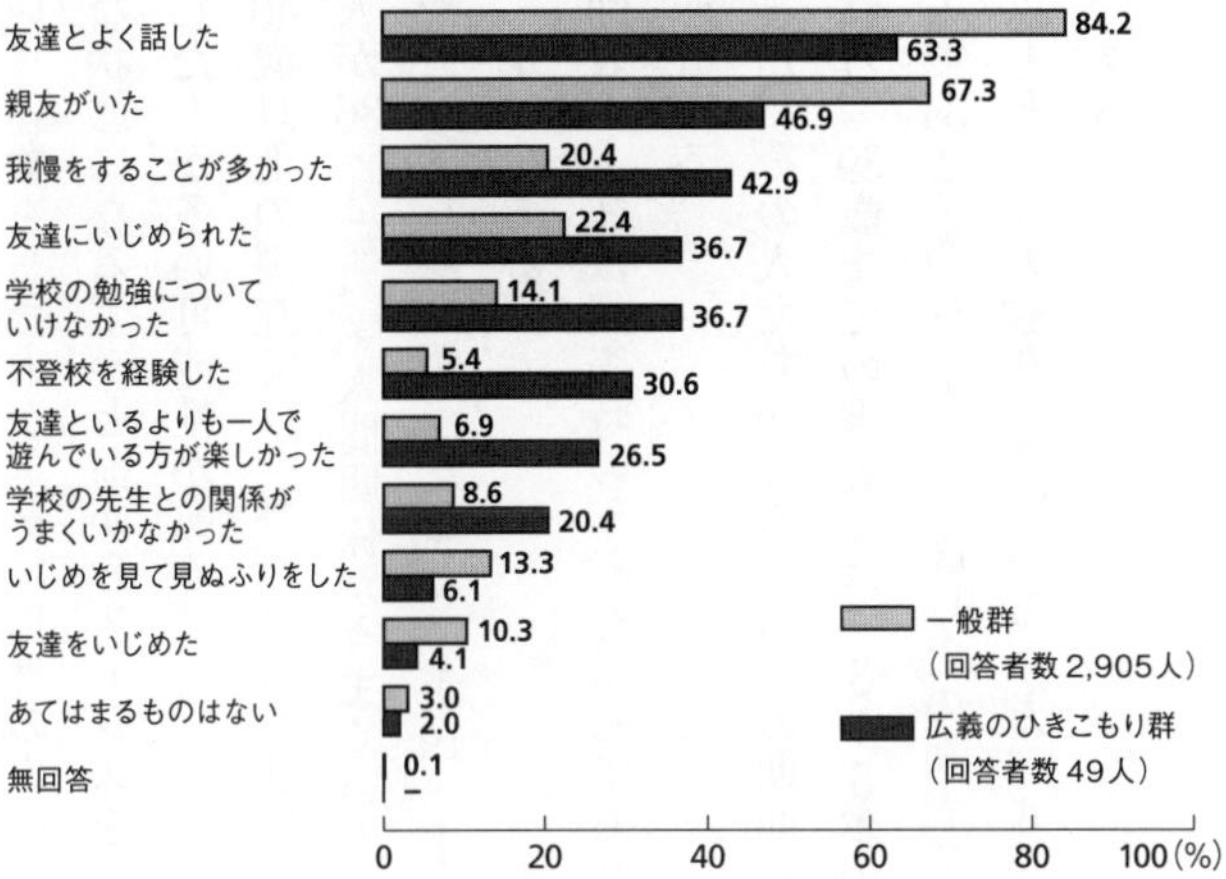

内閣府「若者の生活に関する調査報告書」（2016）より作成

39歳までの調査では、ひきこもり状態にある49人のうち、きっかけを「不登校」とする人が18・4%、「職場になじめなかった」が18・4%、「就職活動がうまくいかなかった」が16・3%、「人間関係がうまくいかなかった」が16・3%、「病気」が14・3%だった。

　同じ調査で「小中学校時代の学校での経験」（図表1−2）をみると、ひきこもり状態の人は「友達とよく話した」「親友がいた」といった経験が少なく、「我慢をすることが多かった」「友達にいじめられた」「学校の勉強についていけなかった」「不登校を経験した」「友達といるよりも一人で遊んでいる方が楽しかった」

という経験をした人が、それ以外の人に比べて多い。ひきこもり状態にある人は、そのような状態になるずっと前からストレスを抱えたり、自信をもつような経験ができなかったりした人が多い可能性がある。

40歳以上の調査では、ひきこもり状態の47人のうち、きっかけを「退職したこと」とする人が36・2％、「人間関係がうまくいかなかったこと」が21・3％、「病気」が21・3％、「職場になじめなかったこと」が19・1％、「就職活動がうまくいかなかったこと」は6・4％である。

図表1-3は調査時の年齢を示しており、どの年齢層にもひきこもり状態の人がいることが分かる。

また、その人たちがどのくらいの期間ひきこもり状態にあったかは図表1-4から読み取れる。39歳までの調査では、3〜5年の人が28・6％おり、最も多かったのが7年以上の人で34・7％だった。40歳以上の調査では、3〜5年という人が21・3％で最も多い。30年以上という人も6・4％いる一方、6か月から1年未満の人も6・4％おり、非常に多様である。

図表 1-3　ひきこもり状態の人の年齢

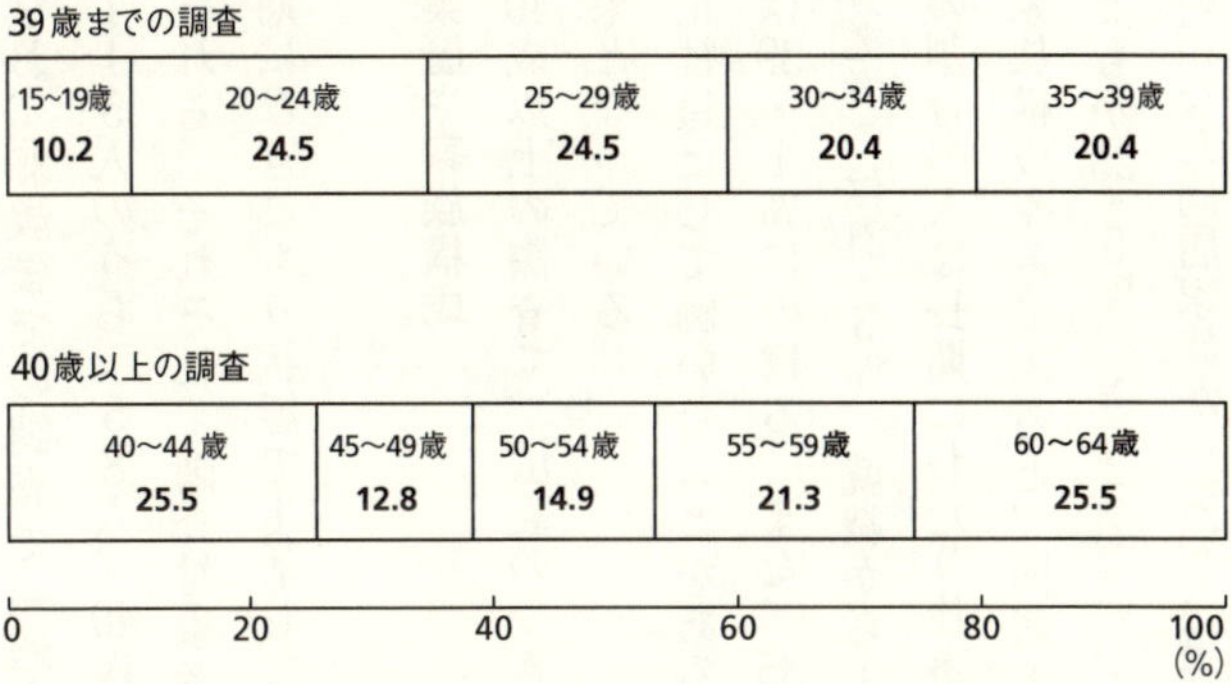

図表 1-4　ひきこもり状態になってからの期間

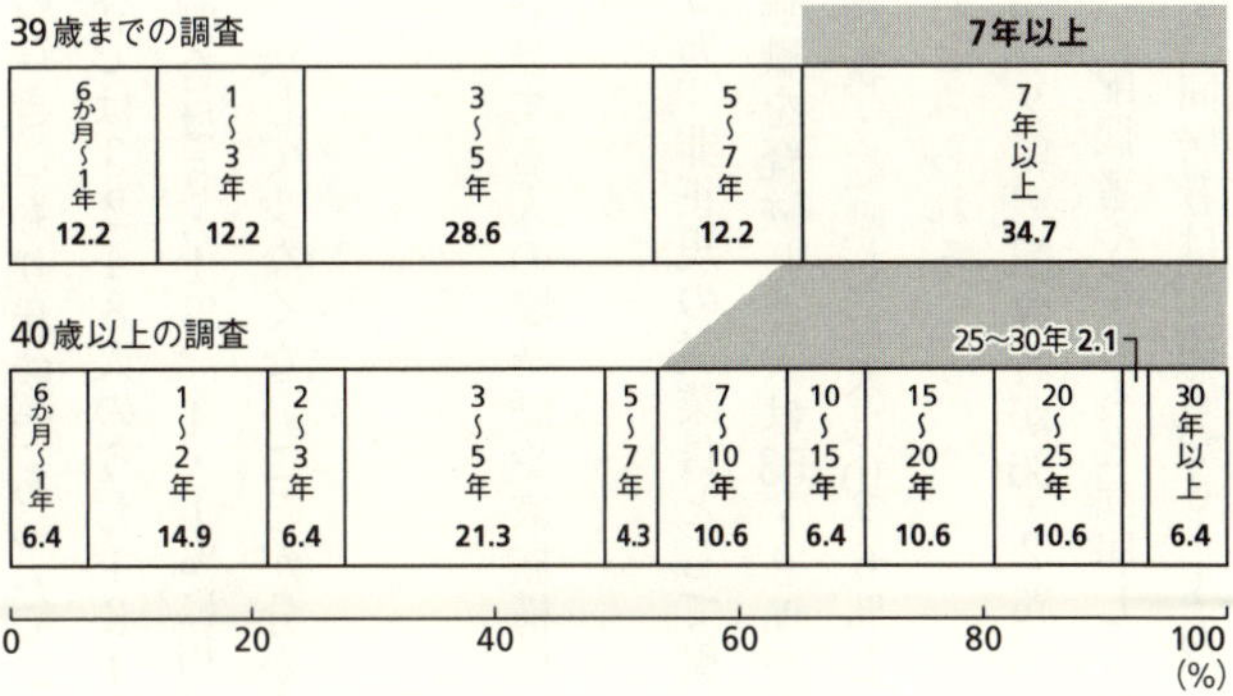

内閣府「若者の生活に関する調査報告書」(2016)・「生活状況に関する調査報告書」(2019) より作成

なお、39歳までの調査で「過去に広義のひきこもり状態であったと思われる人」が３１１５人のうち１５８人、40歳以上の調査では３２４８人のうち１３４人いたことも注目される。それぞれ、調査対象者に占める割合は５・１％、４・１％に相当し、人生の一時期にひきこもり状態で生活している人は、決して少なくないことが分かる。

職業歴や家族構成

40歳以上の調査で、広義のひきこもりに該当する人の職業歴や家族構成は、やや意外な結果となっている。

正社員として働いたことがある人は73・9％、非正規の従業員として働いたことがある人は39・１％にのぼる。また、35歳以上で無職を経験した人は53・２％だが、ニート（若年無業者）は21・３％、就職から１年以内に離職・転職した人は10・６％というように、一定の割合の人は長期にわたり仕事をしてきたとみられる。

家族構成をみてみると、同居者は母親が53・２％、配偶者が36・２％、父親が25・５％、子どもが25・５％、きょうだいが19・１％と、配偶者や子どもと同居している人が少なくない。なお同居家族がいない人は10・６％いる。同居者は配偶者が６・１％、子どもが６・１

%だった39歳までの調査と比べると、64歳までのひきこもり状態の人が「未婚の親同居者」という社会一般のイメージに必ずしも該当しないことが分かる。

おもに生計を立てている人は、40歳以上の調査では回答者本人が29・8%、父親が21・3%、母親が12・8%と、本人が経済的に家族を支えているケースも多い。一方、39歳までの調査では、本人が主生計者であるケースは2・0%にすぎなかった。

なお2つの調査はともに、調査対象者本人と同居する人に向けた調査も実施している。39歳までの調査では2897人中74人、40歳以上の調査では2812人中138人の同居者が、「本人は広義のひきこもり状態にある」と回答した。それぞれ、調査対象者に対する割合は2・6%、4・9%となる。

ひきこもり状態にあるかどうか尋ねた本人調査の割合(39歳までの調査では1・57%、40歳以上の調査では1・45%)と比べると、同居者調査の割合のほうが高く、本人と同居者とのあいだでひきこもり状態に関するとらえ方が大きく異なることがうかがわれる。

第二章でも触れるが、ひきこもりかどうかを見極めること自体がそれほど簡単ではない。ひきこもりという現象だけに注目するのではなく、無職・未婚の子どもと高齢の親が抱える社会的孤立などのかたちで、実態を多角的にとらえていく必要があるだろう。

ひきこもりの背景

ひきこもり状態になった直接のきっかけは、不登校や退職、就職活動の失敗だとしても、それが本格的なひきこもり状態に至り、長期化していく背景にはどういったことがあると考えられるだろうか。

厚生労働省が2003年に発表した旧「『ひきこもり』対応ガイドライン」(最終版)では、ひきこもりの背景を「生物学的側面」「心理的側面」「社会的側面」に分けて説明している。これを参考にして考えていこう。

「生物学的側面」とは、たとえば統合失調症、うつ病、強迫性障害、パニック障害などの精神疾患にかかっているためにひきこもる場合である。こうした疾患は、ひきこもる前から生じている場合もあれば、ひきこもりによって生じることもある。

また、軽度の知的障害や学習障害、高機能広汎性発達障害などがひきこもりの背景に存在する場合もある。学校生活のなかで特定の教科が苦手だった、または教科の勉強はできても休み時間に友達に合わせておしゃべりをするのが苦手だったという経験を語る人もいる。このような得手不得手があることで、周囲からはみえにくい生きづらさを経験し、やがてストレスがたまってひきこもる。なお、新ガイドラインには疾患の三分類が詳しく紹

図表1-5　ひきこもりの三分類と支援のストラテジー

第一群	統合失調症、気分障害、不安障害などを主診断とし、薬物療法などの生物学的治療が不可欠ないしはその有効性が期待されるもので、精神療法的アプローチや福祉的な生活・就労支援などの心理・社会的支援も同時に実施される。
第二群	広汎性発達障害や知的障害などの発達障害を主診断とし、発達特性に応じた精神療法的アプローチや生活・就労支援が中心となるもので、薬物療法は発達障害自体を対象とする場合と、二次障害を対象として行われる場合がある。
第三群	パーソナリティ障害（ないしその傾向）や身体表現性障害、同一性の問題などを主診断とし、精神療法的アプローチや生活・就労支援が中心となるもので、薬物療法は付加的に行われる場合がある。

厚生労働省「ひきこもりの評価・支援に関するガイドライン」（2010）より引用

介されている（図表1-5）。

「心理的側面」とは、ひきこもる前から抱えていた本人のストレスや、ひきこもり状態で生活するうちに、本人が抱えた緊張感や不安感を指している。突然ひきこもったようにみえても、本人は以前から無理をしていたのかもしれない。「優等生の息切れ」といわれるように、周囲からの評価が高かった人が、突然学校や会社に行けなくなってしまうことがある。また、ひきこもっていること自体が「人からどうみられるのだろうか」という不安を高め、人が怖いという心理に陥いることがある。

「社会的側面」として考えられるのは、進学や就職といった周囲の期待が高まる人生の節目に、何かにつまずき、想定したコースをスムーズに歩むことができなかった場合などである。厚生労働省のガイドラインでは、就学や就労以外に選択肢を認めない環境では、いったんひきこもった人が再び社会参加をする際に、多くの困難があることを指摘している。「ひきこもると未来が閉ざされる」「みんなと違うことをするのはよくない」といった視線で周りからみられていると、本人だけでなく家族もひきこもることは「悪いこと」「不利なこと」であるように感じて、支援を外に求めることができずに、孤立が深刻化する。

以上のように、もともとのひきこもり状態を生みだすきっかけに、ひきこもりを継続させる要因が加わり、さらには本人や家族の事情も重なり長期化していく。注意しておきたいのは、ひきこもり自体が病気や、問題行動を意味するわけではない。重要なのは、ひきこもり状態をきっかけに、本人や家族が抱えている悩みを振り返り、整理していくことである。そのためにも本人や家族が孤立することなく、必要に応じた支援につながっていくことが望まれる。

ひきこもりが始まったとき

親たちは、子どものひきこもりが始まった当初どのように感じ、どう行動したのか。

我が子がひきこもることを予期して子育てをしてきた人は多くないだろう。そのため、起きている事態をうまく受け入れることが難しい。しばらく学校や仕事を休んでいる子どもが、気がついたら何か月も何年も家にいる。これを世間でいう「ひきこもり」だと考える人は、むしろ少ないはずだ。親たちは不安に感じながらも、「少し休んでいるだけなのではないか」と子どもが動きだすのを期待して待つ。

周囲の人も「親が子どもに厳しく接すれば、学校や仕事にいずれ戻るのではないか」と考える。ところが親や教師が叱咤激励《しったげきれい》した結果、かえって自室にひきこもるようになり、子どもとの接点を失うことが珍しくない。

何をしても子どもが動かないと分かったとき、多くの親は自分自身を責めるしかなくなる。自らの子育てを懺悔《ざんげ》する家族も多い。「自分がこの子をひきこもりへと追いやったのではないか」という気持ちである。

一方、「子どもが不憫《ふびん》だ」「本人が動きだすまで待ちたい」「そっとしておきたい」という思いが生まれるのも、このような状況下では、自然なことである。

子どものことを誰かに相談しようにも、親たちの前には〝高い壁〟がそびえ立つ。誰かに相談に行く、家庭訪問を受け入れることを考えると、家の問題を外に出すことに抵抗を感じ、いっそ「このままでいい」と思ってしまうのだ。親たちも手をこまねいているわけではなく、子どもが若いころにはあちこちの相談窓口に足を運ぶ例も多い。しかし、ひきこもりは一朝一夕には解決しない。相談した親が専門家に説教され、傷つくこともある。やがて親たちは、外部へ相談することに二の足を踏むようになる。

まだひきこもり支援の体制が十分ではなかった2000年代、子どものひきこもりに直面した親たちは、迷路に入ったように戸惑いと不安のなかで歩みを進めていた。その親たちの語りを聞くことにしよう（なお、本書で紹介する事例は内容の理解に差しつかえない範囲で細部の変更をおこなっている）。

事例1−①　ひきこもり状態にある人は加藤清美さん（仮名、20代）

清美さんは人間関係のつまずきから大学を休むようになる。母親の幸子さん（仮名、50代）は当初、いずれ登校できるようになると思っていたが、この状態が何年も続く可能性もあると知り、自分自身の子育てを反省するようになる。

母親の発言に傷つく娘

母親の幸子さんがひきこもり問題に直面したのは、三女の清美さんが大学生のときである。そりが合わないサークルのメンバーについての愚痴を言う娘に、幸子さんは、「相手の性格を変えるわけにはいかないので、あなた自身が変わらなければ」と助言した。すると清美さんは「お母さんには、そう言ってほしくなかった」と拒否反応を示し、次の日から大学を休み、自室に閉じこもった。

「ひきこもり」という言葉は自分たちには縁遠いものと思っていた。当時、娘がひどく疲れた様子だったことが印象に残っているという。「母親として教育など、やれるだけのことは全部やってきたのに、なぜこの子はこんなに疲れているんだろう。ちょっといやなことがあっただけで大学を休むなんて」と戸惑い、娘が大学に行きたがらないのは、単に怠けているのだろうと考えた。

しかし、清美さんの話をじっくり聞いてみると、悩みは深刻であることが分かった。「生きづらい。産んでくれなければよかった」と打ち明けられた幸子さんは、何とか娘の気持ちを軽くしようと、「無理して大学に行かなくていいから、休学の手続きをとろう」と伝える。

その後、清美さんは1か月ほど元気に過ごしていた。幸子さんは内心「気持ちが落ち着けば、そのうち学校に戻るだろう」と思っていたが、やがて清美さんの生活は昼夜逆転し、本格的に部屋から出てこなくなった。

「私がこんなに親身になって考えているというのに、一体何なの！」

幸子さんは、期待を裏切られたように感じ、ひどく失望しながらも、娘の様子に戸惑い、また心細くて涙が止まらなくなった。

その後、幸子さんはひきこもりに関連する書籍や、相談窓口にまつわる情報を探しはじめ、住んでいる地域にあるＮＰＯのことを知った。娘に異変が起こってから4か月たったころだった。その団体が活動するマンションの一室を訪れた幸子さんは、10年ほど自宅にひきこもった経験のある若者たちと出会った。人と接したい気持ちがありながらも人を恐れて苦しんでいる彼らの様子をみて、幸子さんは「何が何でも娘《こ》をこの状況から救いだす」と決意したという。

過去の子育てを悔やむ

幸子さんには、清美さんを含めて3人の娘を育てながら保育士の仕事と家事を両立してきたという自負があった。妻、母、社会人という3つの役割をこなしながら、常に完璧であることを自分自身に求めてきたという。

そんな幸子さんにとって、娘がひきこもるという経験は、子育てを振り返るきっかけとなった。試行錯誤のなか、本音でぶつかりながら育てた長女や次女と違い、三女の清美さんは、母親としての自信を身につけた状態で、自分が導きたい方向へ育ててしまったと、子育てを反省するようになった。

そうしたなか、ふいに幸子さんは思いだした。3歳で保育園に預けられたばかりの清美さんが、「お母さんが忙しいから私はいつもおりこうにしていないと」と言っていた場面を。多忙な生活のかたわらで、親に甘える時間を十分に与えられなかったことを深く後悔している。

その後、清美さんは親類との旅行を経て徐々に元気を取り戻し、卒業論文を書き上げて大学を卒業。ひきこもりが始まったころ、娘と正面から向き合えなかった夫の協力も得ながら、その過程を幸子さんはゆっくり見守ることになった。

ひきこもりは多くの場合、子どもが10代や20代のとき、親が中高年になって初めて直面する問題である。日々、子育ての大変さを感じながらもさほど「問題」なく日常生活を送ってきた我が子が、ある日突然家族や社会を拒絶する。ひきこもるという状態は、つい昨日まで普通の生活を送っていた我が子の状態と比べると、大きな落差として感じられるのだ。

多くの親たちにとって「ひきこもり」は、未知の課題である。当初の幸子さんのように、「すぐにもとどおりになる」ととらえたとしても不思議ではない。

事例1-② ひきこもり状態にある人は北山達郎さん（仮名、30代）

就職活動がうまくいかなかったことがきっかけでうつ状態になる。父親の豊さん（仮名、60代）は一人暮らしをしていた達郎さんを支えるために同居を開始。医療機関への相談で「アスペルガー症候群」という障害を初めて知ることになる。

就職活動に失敗した息子

一人息子の達郎さんがひきこもるようになったのは、就職活動の失敗がきっかけだった。内定をもらえなかった達郎さんは「うつかもしれない」と、自身の異変を父親に初めて打ち明けた。

　豊さんは妻と離別し、達郎さんの大学入学をきっかけに別々に暮らしていた。だが達郎さんがひきこもり状態に入ったのを機に息子と二人暮らしを始めた。それから5年あまりがたち、達郎さんが30歳に近づいたころ、就職活動に失敗した際の詳細を次のように話した。

「ぼくは面接のなかに仕掛けられた〝地雷〟をつい踏んで自爆してしまうからだめだったんだ」

　息子の心の奥底にある不安をこのとき知ることになる。

　当初、豊さんは達郎さんが仕事をしていないことについて、叱咤激励するという姿勢で対応していた。しかしこのとき、父親として言ってはならないひとことを、達郎さんにぶつけてしまったと悔いている。それは息子が国家試験に合格して薬剤師の資格を得たときにまでさかのぼる。

「私のように会社の一員として働くのではなく、社会のなかで薬剤師という仕事を担っていくんだね。もうこれで、自信をもって、1人で生きていけるよね。だから、おまえはおまえの人生を歩きなさい」

と、突き放したように聞こえる言い方をしてしまった。豊さんとしては合格を祝う「はなむけ」の言葉のつもりだったが、息子は見捨てられた思いではなかったかと振り返っている。

さらには親子で郷里に帰省した際、仕事をしていないことをおじたちから非難されたことも、達郎さんを追い詰める要因となったのではないかと感じている。豊さんはひきこもりの背景を探るなかで、このように過去の子どもへの接し方を後悔し、自分を責めるようになっていった。

「何とかしなければ」と考えた豊さんは問題解決のために奔走し、医療機関を介して、NPOの支援団体につながった。

豊さんは「ピアサポートグループ」というNPOに付属する家族同士の助け合いのグループに参加し、達郎さんはNPOが開設する通所型の支援を利用するようになった。このNPOでは人間関係に不安がある人たちがゲームなどで交流する「居場所型支援」と、内職などを通じて就労の準備をする「就労支援」などの機能を備えていた。達郎さんはおもに居場所型支援に参加することになった。

発達障害と診断されて

その後、豊さんは達郎さんを連れて精神科を訪ねた。数年間の通院を経て、医師とのコミュニケーションがとれるようになったころ、発達障害の1つである「アスペルガー症候群（現在は自閉スペクトラム症とも）」という診断を告げられた。アスペルガー症候群とは自閉症の一種で、社会的なコミュニケーションの困難および、興味の範囲の狭さや特定のものへのこだわりなどを特徴とする。知的発達の遅れや言葉の発達の遅れを伴わないため、本人も周囲もこの障害に該当することを気づかないケースが多い。達郎さんは面接での失敗を思いだし、人と関係を築くことが苦手だということに気がついた。

2012年に発表された文部科学省の調査では、発達障害の可能性のある学習面または行動面での困難（知的発達の遅れを除く）を示す児童・生徒が小中学校の通常の学級に6・5％みられたという。「対人関係やこだわり等」の問題を示す児童生徒は1・1％だった。達郎さんは特別支援教育の正式実施（2007年）よりも前に中学を卒業しており、親子ともにアスペルガー症候群という言葉を知らなかった。

発達障害にともなう「生きづらさ」をどのように解消していくかを考えたとき、豊さんは、親としての役割の大きさを理解するようになる。

学校生活を経て就職へ、というコースを当然のものと考えていた豊さんにとって、社会参加のためのサポートが再び必要になろうとは、予想しえなかった。

豊さんは若いころに自分の父親と仕事や人生について踏み込んだ会話をした覚えがない。それでも子どもの問題に一つ一つ寄り添って言葉をかけていこうと覚悟を決めた。

ひきこもりの解決から遠ざかる親の心理

紹介した2事例は、子どもがひきこもり状態になってから早い段階で支援団体につながった人たちである。つまり子どもに異変がみつかったあと、迷いながらも解決に向けて何らかの行動を起こすことができた親たちだ。

一般的には、家族がひきこもりという問題に向き合うのには、かなり時間がかかる。仕事を抱えて忙しくしていたり、相談窓口などについての情報や知識をもち合わせていなかったりすれば、親たちは我が子が「ひきこもり」に該当する可能性など考えもせずに時間を過ごしていく。いずれ子ども自身が「もとに戻る」だろうと、問題を直視することをつい先延ばしにしてしまう。

実際、2人の親たちがひきこもり問題に直面したのは、ともに我が子が大学生まで成長したあとである。子育てが一段落し、仕事や趣味に打ち込むなど、第二の人生を充実させようと考えられる時期であり、子どもに異変がなければ子育てを振り返る機会などなかったかもしれない。

また、ひきこもりは病名ではなく、さまざまな理由から生じる「状態」である。1つの原因がひきこもり状態に結びつくわけではなく、生物的背景や心理学的背景、社会的背景が重なり合い、社会参加が難しくなっていると考えられる。

親の立場からすると、ひきこもり状態に至ったはっきりした理由や解決策が分からないため、事例1-②のように、子どもが働かないことを責めるような声掛けをしばしばしてしまう。だが、多くの場合は本人が反発したり萎縮したりして、親子間のコミュニケーションがさらに難しくなる。

または事例1-①のように、ひきこもり状態をきっかけに自分の子育てを振り返ることも多い。結果、解決の糸口がみつかる場合もあるが、自分を責めすぎると、外部への相談といった具体的な行動がとれなくなることもある。ひきこもったのは子育てがよくなかったと考え、「恥」の意識が強くなればなるほど、他人に話すのがはばかられるようになる。

また、子育ての責任を感じるあまりに我が子を不憫《ふびん》に思い、家庭内での保護を最優先するケースもみられる。

もちろん、我が子を思って叱咤激励することや、自分自身の行動を振り返ることは、親として自然な行動である。ただ、親だけの力で子どもへの接し方を修正していくことは非常に難しい。明らかに子どもを追い詰める関わり方や、我が子に気を遣って声をかけることもできないような状態を、何年も続けてしまう。ひきこもりが長期化するきっかけは、親子関係のなかに潜んでいるともいえるのだ。だからこそ、家族以外の助言を得ながら我が子との関係をみつめることが大切だ。

2つの事例で幸いだったのは、ひきこもる本人が支援団体などに直接参加できたり、旅行の呼びかけに応えられたりしたことである。しかし、外部の助けを得ること自体に高いハードルが待ち構えている場合もある。さらにひきこもり状態が継続し、長期化した場合の親の心理を、調査結果からみていこう。

家族会の調査

ひきこもる子をもつ家族同士が集まり、ひきこもりに関する学習や相互援助を推進する団体を「家族会」と呼ぶ。全国55か所（2018年10月現在）の家族会が参加するNPO法人ＫＨＪ全国ひきこもり家族会連合会では、２０１６年、厚生労働省の委託（社会福祉事業の一環として）によって、40歳以上のひきこもり状態にある人についての聞き取り調査（以下、家族会の調査〈２０１７〉）を実施した。その結果、全国から61の事例が寄せられ、筆者はこの調査の取りまとめを担当した。

浮かび上がってきたのは、長きにわたり試行錯誤を繰り返す家族の姿であった。以下ではこの調査の結果も交えながら、ひきこもる子をもつ家族のエピソードを紹介していく。

61事例の性別の内訳は、男性が52事例、女性が9事例と、男性のほうが多かった。また、現在の年齢は「40～44歳」が29事例、「45～49歳」が23事例、「50～54」歳が6事例、「55～59歳」が2事例、「60歳以上」が1事例で、平均45・3歳だった。

ひきこもり歴を2つのパターンに分けると、学齢期から就労定着前までにひきこもりが始まった場合と、就労定着後にひきこもりが始まった場合がある。就労前のひきこもり開始は61事例中44事例だった。学齢期の不登校・中退が関係していたり、学校を卒業後、仕事に就くまでのあいだに何らかの課題を抱えたりした人が多い。一方、1年以上就労したのちにひきこもったとみられるケースが17事例ある。

短期の就労を含めて就労経験をみると「正社員」17事例、「アルバイト」23事例などの計

46事例である。就労開始年齢は平均20・7歳（回答があったのは34事例）、仕事を辞めた年齢は平均27・3歳（回答は32事例）だった。最初の就労は、ほぼ20代中盤に終了していることが分かる。

では、家族はどのような場所に相談したのだろうか。同調査によれば、「病院」40事例、「保健所・保健センター」23事例、「民間のカウンセリング機関」20事例、「精神保健福祉センター」19事例、「NPO法人」18事例という結果であった（複数回答）。特に精神医療関係の窓口が多いことが分かる。

問題を解決するため家族会に参加している人たちへの調査結果ということもあり、子どもが20代のころからいくつかの窓口に相談した経験がある場合が多いといえる。たとえば内閣府の39歳までの調査（２０１６）では、ひきこもりについて関係機関に相談したことがある人は44・1％にとどまる。それに対し、この調査の対象者は少なくとも家族会には参加している。しかし、61事例のうち子どもが家族以外の人がいる場に参加しているケースは14事例であった。多くの家族は、子どもが外に出られない、出られてもその場が限られていることなどについて悩み続けている。

硬直化する親子関係

ひきこもり問題の解決が容易ではない要因を「親子関係の悩み」「親自身の恥意識」「相談窓口の対応の不十分さ」という順に探っていきたい。

61事例のうち、ひきこもりの状態は過去の経験も含めて「昼夜逆転」が50事例、「自室閉じこもり」が31事例にみられた。これらの背景には子どもが家族を避けているという情況が隠れている。親にとっては、子どもと一緒に食事ができない、コミュニケーションがとれない状態が長く続くことになる。

不登校やひきこもり状態になった人は、想像のとおり人目を避ける傾向にある。「学校や仕事に行っていない自分を周りの人が責めているのではないか」と不安になり、「こんな状態では誰にも会えない」と自らを追い詰め、殻に閉じこもっていく。

ひきこもる子どもの親は、知人や親せきから陰に陽に「親がしっかりしないから子どもが甘えるんだ」と言われたり、批判的にみられたりすることも多い。何とか気持ちを奮い立たせて子どもに強い態度で接したところ、それがきっかけとなってますますひきこもるという悪循環に陥るケースもある。

注意したいのは、「自分はこのままでいいのか」と大きな不安を抱き、ひどく失望しているのは子どものほうなのだ。親の力で「何とかせねば」という思いが逆の効果を生む場合もある。

「なぜ働かないのか」といった投げかけを親はついしてしまう。正論や叱咤激励によってひきこもる子どもが発奮して元気になるのならよいが、多くの場合、親子関係は悪化する傾向にあると、ひきこもりの支援に携わる精神科医らが指摘している。

ひきこもる本人が義務教育や社会貢献の必要性を知らないわけでない。頭で理解していても、次のステップをどのように踏めばいいのかが分からないのだ。

心理的側面として説明したように本人が否定感情にさいなまれている場合や、生物学的側面として説明したように、精神症状に苦しんでいる場合もある。精神科医らが親たちに勧めているのは、親自身の不安や焦りを子どもにぶつけるのではなく、子どもの身近な援助者として安定した心理状態で我が子に接することである。

調査の事例では、家族会の学習会などに参加し、子どもへの接し方を学んだ親たちも少なくなかった。一時期は家族関係が険悪で、子どもも荒れていたが、両親がプレッシャーを与えることを避けた結果、「家のなかで自由に過ごしている」という声もよく聞かれる。

ただ、いったん我が子が落ち着くと、その先の支援を家族会から提案しても、事を荒立てたくないとして応じることができない親も多い。それは次に挙げるような、子どもの暴言や暴力にも関係している。

子どもの暴言・暴力に苦しむ親

親たちは語る。

「息子の家庭内暴力が頻発し、ついに耐えられなくなり、自宅のほかにアパートを借り、妻とともにそこで生活している」

「自分がこうなったのは母親のせいだと、夜遅くまで私たちを眠らせることなく責める」

「子どもがリビングルームを占拠するように生活し、私たち親は2階で生活するようになった」

このように壮年期の子どもから暴言や暴力を受けて悩んでいる高齢の親たちもいる。先の家族会の調査（2017）の61事例では、「家族を拒否する行動」33事例、「器物破損」16事例、「家庭内暴力」14事例など、暴力的行為を経験している家族が少なくない。また、10事例ではこれらの行為をきっかけに家族が自宅を離れている。

過去に受けた暴力は家族にとって忘れられない記憶になり、本人を刺激して同じような事態が再発するのを避けたいという心理が働く。それによって、家庭内のことを誰にも相談せず、我が子のことはあえて正面から考えないような生活を選ぶ場合も多い。

親の恥意識

ひきこもりの問題の解決が容易ではないもう1つの理由は、我が子がひきこもっていることを「恥ずかしい」と考える親の意識である。

事例1－①のように子育てが間違っていたという思いをもつ親は珍しくないが、その思いが強すぎると、家族以外に相談することもはばかられるようになる。また、事例1－②のように、子どもがひきこもっていることを親せきの集まりで批判されることもある。1つの家庭のなかでも意見が分かれ、たとえば父親が「子育ては妻に任せてきたのだから、妻の責任だ」と子どもの母親を責める場合もある。

親自らが子育ての責任を感じているところへ、周囲からの批判も加わって、ひきこもる子どもがいることは恥ずかしいことだという意識が強まる。

単にひきこもりに関する恥意識ばかりではなく、精神医療や福祉制度を利用することへの偏見も加わる。親たちはひきこもりの相談をきっかけに、我が子に精神保健福祉サービスを利用してほしいと思ったが、隣町に住む親せきが「自分の子の就職や結婚に差しさわるからやめてほしい」と反対するような場合もある。

ひきこもる子の存在を知られたくないと思うと、親自身の行動範囲も狭くなりがちだ。ひきこもる子をもつ母親は、友人とのお茶飲み会に参加したくても、子どもの話題が出たら対応に困るので、足が遠のくという。同じような経験をもつ家族同士であれば、気負わずに子どものことを話せるという人は多い。ただ、家族のグループに参加する親たちは、グループ以外の場では、我が子のことを話すのがいかに難しいかを吐露している。「数十年にわたって子どものひきこもり状態について悩み、各地の専門家を訪ねて相談したが、地元の知り合いには決して我が子のことを打ち明けることができなかった」と語る人もいる。

一概にはいえないが、都市部に比べて地方のほうが人付き合いが濃密で、家族の話をうかつにできないという話を聞く。役所へ相談に行こうにも、窓口担当者が顔見知りで、身内の話などできるわけがないと感じるというのだ。

複数の町村にまたがる広い範囲から相談を受ける過疎地の自立相談支援窓口の人の話では、電話相談の利用者が「あなた、○×町の人ではないですよね?」と、相談員の素性を確認してから話を始めることがあるそうだ。

親がひきこもりについて外部に相談できなかった結果、親の死後1人取り残された本人への支援が、きょうだいや親以外の関係者によって開始される例も珍しくない。第三章で事例を紹介するが、ひきこもり状態にある人のきょうだいたちは、「ひきこもり問題を抱えていることを、親たちは生前誰にも打ち明けられなかった」と語る。いずれにせよ、残った本人とどのように接していくかは、きょうだいにゆだねられるのである。

こうしてひきこもりの課題は家庭の内側に閉ざされていく。

支援窓口が抱える問題

幾重もの壁を乗り越え、家庭内の問題をやっと外に出したとしても、支援の窓口での相談がうまく進まなかったというエピソードも、家族会の調査では多く語られている。支援に関する制度や窓口については本書後半でも触れるが、家族側からみた相談の困難さについてここで紹介しておこう。

40歳以上の例では、「家族が仕事などに忙しく本人の課題を相談に行くのが遅れた」「家族自身に状況を変えることへの不安や抵抗感があった」「支援の途絶に関連して窓口や相談への失望感があった」という声が聞かれる。「支援の途絶」とは家族が開始した相談が、何らかの理由で途切れることを指すが、家族会の調査では26事例みられた。

「初回相談で話したことが引き継がれていないので、何度も同じ話をしなくてはならない。やっと相談が軌道に乗ったと思ったら、担当者が異動になった」

「『何かあったらまた来てください』の繰り返しで、通い続けても役に立つアドバイスが得られない」

ひきこもる人への支援には、長期的な関わりや、本人や家族についての多角的な情報収集が必要になる。しかし、ただちに対応すべき大きな問題（暴力や自殺企図など）が起こっていないことを理由に、本格的な支援を先延ばしにするような対応が、特に過去には多かったことは否めない。

支援窓口での苦い経験

窓口で親たちが受けた対応についてもみてみよう。「支援のなかでネガティブな経験があった」という声が20事例もあり、「自分たち親が相談機関へ行っても、『本人が来ないと始まらない』と言われるばかりで、どうしようもなかった」というように、窓口での対応が有効でなかった実態もある。親が重い腰を上げて相談したものの、これまでの子育てを責められるなど精神論を説かれるばかりで、むしろ相談することに嫌気がさしたという体験談も多い。

一方、本人が窓口へ相談に行った例もある。「本人の医療機関への受診があった」場合が33事例というように、親たちと同様に医療機関に相談した例が多い。「本人が障害者手帳を取得した」8事例、「本人が福祉サービスを利用している」13事例というように、具体的なサービスに結びついている例もある。

ただ、現在40歳以上の人がひきこもりはじめた時期は20年ほど前の1990年代中盤であり、相談窓口でもひきこもりに対する理解が現在より大幅に不足していた。就労継続支援や移行支援をおこなう事業所も普及しておらず、ただちに就労可能な人以外が利用できる制度は少なかった。勇気を出して相談窓口を訪れても、有効な支援体制がないという「壁」に直面し、ひきこもりの悩みを長期化させた親子がいることも確かである。

自分の死後の子どもの生活を考える

「親亡きあと」という言葉がある。ひきこもり問題の場合、高齢の両親が亡くなったあと、ひきこもっている子どもがどう生きていくかがしばしば話題にされる。

しかし、少し不思議なことがある。「親亡きあと」という言葉を使って死後を心配するのは残される子どもたちではなく、当の「親」たちなのだ。親たちは人生を終えたあとまで親であることをやめられないことになる。

高齢のため相談に行くこともままならず、いざ相談に行っても根本的な対策がなく、疲弊した親たちは子どもの変化をあきらめるようになる。

ついには、ひきこもる子どもにできるだけお金を残そうと通院を控えたり、「いくらお金を用意したら子どもは困らないのか」などと、支援者に相談したりするようになる。その是非はともかく、親が子どもにできることは、もはや資産を残すことしかないという心境の親たちが多いということだろう。

ここにはいくつものあきらめがある。子どもが外に出ることも、働くこともない。また、これからどうするかを子どもと話し合うこともできそうにない。子どもを託しておけるような親族もいなければ、行政機関も期待できない。

「どのくらい資産を残せば自分たちの死後、子どもは生きていけるのか」

これは、不信感や絶望が幾重にも重なった結果出てくる言葉ではないだろうか。

親は何歳まで親であるべきなのか

親にもいずれ老いが訪れる。家族社会学者の春日《かすが》キスヨ氏は、現代社会で高齢者が亡くなるときに「ピンピンコロリ」（いざ亡くなるまでは病気もせず元気に生活を続け、亡くなるときは苦しまずに逝くこと）が理想とされるが、実際はそうはいかないと指摘する。2人に1人が90歳まで生きるようになった時代、日本人の老後は「ヨロヨロ、ドタリ（老衰によって身体自立能力が衰える）」が現実であるという。

ひきこもる子どもをもつ親たちは、ときとして「子どものことで大変な思いをしているから、最後ぐらい楽にお迎えが来てくれるだろう」などと考えてしまいがちだという。こうして、自分の老後の心配もできないまま、親たちは最後まで元気で子どもの世話をし続けるかのような思考に陥っていく。

20年、30年もひきこもりに取り組んだ親の心理は、そこまで追い込まれていく。もちろんこれは、残せる資産や、自分自身の健康に自信がある親たちの場合だということも、つけ加えなくてはならないだろう。そのような人たちでも、長い老後を過ごすあいだ、ずっと財力や健康を保ち続ける自信がある人は少ないはずだ。

思わぬ病気のために子どもの面倒をみられなくなる例も少なくない。死後のことではなく、いまからできる備えをしていくことが望ましい。どのように親たちに自分自身の老後に向き合ってもらうか、そのための支援の体制をどう構築するかが問われる。

終わらない子育てのゆくえ

親たちは、子育てには多くの苦労が伴い、楽しいことばかりではないことは知っている。しかし、子どものひきこもりが20年も30年も続くとは想像もしないであろう。まさか70や80を過ぎても子どもとの関係に悩み、経済的に支え、面倒をみるとは——。一体親たちはいつまで子どもを支えなくてはいけないのだろうか。

本章で紹介してきたように、相談機関に支援を求めるなど、努力を重ねてきた例も多い。それでも、子どもの反発を恐れていつしか「このままでいい」と思うようになる。「自分の子育てによって子どもがこうなった」と親の責任を感じて問題を外に出すことをためらう。相談機関でも、子育てを責められる。我が子に適した支援が得られないなどの理由で、いつしかひきこもりは長期化していく。そして、家族以外に話しても分かってもらえない、頼りになるのは家族しかいないという心理に傾いていく。

こうして限界まで親子だけでがんばった結果、高齢化や経済的困窮によって悲劇的な結末に至りかねない。また、問題が進んだ状態でSOSが届いても、外部の人が支援するのはなかなか大変だ。できるだけ早く、家族だけの問題とせず、外部の支援とつながることができないだろうか。

問題を外に出すことは、「子どもを見放す」ことではない。もともと「自立」とは、無人島での一人暮らしのように孤立して生活を営んでいくことではないといわれる。他者に依存しながら、過度の問題に陥らずにやりくりしていくことを指す。

依存先が家族の内側にしか存在しないことがリスクを生むのだ。問題を家庭内に閉じ込めず、依存先を家の外に増やすにはどのような方法があるのか。本書の後半で考えていきたい。

第二章　ひろがる社会的孤立と8050問題

介護の導入をきっかけに孤立した人をみつける

川崎の事件（2019年5月）では、離婚した両親のかわりに事件の加害者を育てていたおじ・おば（以下、養父母）の介護がきっかけとなり、ひきこもり傾向にあった本人のことを親族がひきこもり地域支援センターに相談していたと報じられている。

報道によると、養父母は本人と顔を合わせることなく何年も生活していたという。しかし、養父母の介護の導入を考える際、親族が「家に介護の人を入れても大丈夫か」と心配した。相談は2017年11月から2019年1月にかけて電話6回、面談8回の計14回におよび、その後、養父母が本人に手紙を書くに至った。

実際に、事件の約半年前からこの家に介護関係者が入っていたことは注目される。このことに対して本人が反発した形跡はなかったという。

事件後、ひきこもり地域支援センターが開いた会見では、「介護の対象者が養父母のどちらなのかは分からない」と回答されていた。一方、介護関係者が養父母の介護時に本人の気配を感じていたかどうかなども判明していない。つまり、ひきこもり地域支援センターと介護関係者のあいだで連携や情報共有がおこなわれていたわけではないようだ。このケースのように複数の支援機関が家庭と関わる例は今後増えていくだろう。そのとき、事態を「ひきこもり」や「ひきこもり相談」の問題としてだけとらえていては重要なことを見落としてしまう可能性がある。ひきこもる子どもの支援に関わる人や、高齢の親の介護に携わる人には、家族にまつわる情報をどう収集し、どう共有するのか多角的な視点が求められる。

二重の孤立をもたらすひきこもりと介護拒否

家に入った介護関係者が、無職やひきこもり状態の子どもの存在を知ったという例は珍しくない。

公的介護保険制度が始まったのは、2000年のことである。早くもその直後には、子どものひきこもりを理由に介護サービスの利用をためらう家族がいることに関係者は気づいていた。高齢者だけであれば介護サービスの利用を検討するが、無職やひきこもり状態の子どもが同居していると、それをはばむことが多くなる。そのことは、介護関係者にとっても難しい課題としてとらえられてきた。

なぜ、ひきこもる子どもとの同居が介護の受け入れを難しくするのか。1つには、前述のように、子どもの存在を知られたくない高齢者が、外部の人に介護の相談をするのを避けることがある。子どもの存在を隠して生活しているため、同居していることを近所の人が知らないケースも少なくない。

また、本人との関係がよくないため、外部の人を家に入れることができない家族もいる。暴力を受けた経験があれば子どもの反発を恐れるのも無理はない。そうでなくても、もともと本人が自室中心の生活を送っていることが多いため、コミュニケーションがとれておらず介護の導入に対して本人がどう反応するか不安に思う人も多いだろう。

また、無職の子どもの生活を年金や貯金で支えていることもあり、介護費用を考えるとサービスの導入に踏み切れない人たちもいる。さらには自分たちがいなくなったあとの生活を心配し、資産を残しておこうとの考えから、介護サービスを控えると話す親もいる。介護を受け入れられない親たちは、人知れず老い衰えていきかねない。子どものひきこもりと、親の介護サービスに対する拒否は、二重の意味で家族を外部に対して閉ざしてしまうといえるだろう。

高齢者の相談センターの8割が「無職の子ども」に対応

介護とひきこもりの関係はまだ十分に知られていない。そのなかで、高齢者の介護予防や介護相談に携わる地域包括支援センターに、「無職の子ども」と同居する高齢者の支援例について尋ねたKHJ全国ひきこもり家族会連合会による調査（以下、家族会の調査〈2019〉）がある。筆者は2016年の調査に引き続き、この調査の取りまとめに携わった。

調査では、全国約5100か所の地域包括支援センターから6分の1にあたる844か所の窓口を選んで調査票を郵送したところ263か所から回答が得られた（回収率31・2％）。

無職の子どもと同居する高齢者の支援例があったのは220か所（263か所のうち83・7％）だった。「支援あり」と回答したセンターから2018年度中に対応した事例を1例ずつ寄せてもらい、220事例が集まった。最も時間を費やして支援したケースなど、情報量の多い事例が選ばれている。220事例のうち153事例が狭義のひきこもり状態に該当した。

父母が支援対象となっている例をみてみると父親が36事例、母親が137事例、父母双方が31事例だった。また、父親が要介護となっている場合が55事例、認知症がある場合が35事例、母親が要介護となっている場合が127事例、認知症がある場合が78事例だった。それらに加え、多くの例に家族全体の経済的困窮（104事例）、整頓や衛生といった住環境の問題（86事例）などが伴っていた。子どもについても精神疾患などの課題がある場合は124事例にのぼった。
このように、地域包括支援センターが関与しているケースでは、単に父母の介護に関わる課題だけでなく、家族や本人が関わる複合的な問題の存在が明らかになった。そして多くの場合、無職やひきこもり状態について外部に相談をした経験がなかった。介護を通じて、初めて本人の課題が外部の人に知られることになったといえる。事例をみてみよう。

事例2-① ひきこもり状態にあるAさんは40代男性
就労歴はなし。認知症を抱える母親の介護のため、外部との接点が一度は生まれたが、母親の死後、その接点は消えた。

介護をきっかけに生まれた外部との接点

Aさんは、認知症の母親を見守るため、仕事はせずに家庭中心の生活をしていた。他者との関わりが困難で当初、介護関係者が訪問しても自室から出てこなかったが、数年間の介護のうち、母親がデイサービスに出かける際に介助が必須となったため、玄関まで母親を抱えて出るようになった。その結果、介護関係者とは多少会話ができるようになった。

しかし、母親が亡くなり、同居していた父親には介護の必要性がないため、介護関係者との接点は途絶えた。Aさんは自分自身への社会参加支援には拒否的な姿勢を示していて、ひきこもり支援などが開始されることはなかった。介護とともに外部との接点ができ、介護がなくなるとその接点もなくなる結果となった。

事例2―②　ひきこもり状態にあるBさんは50代女性

精神疾患の疑いがある。両親は娘を刺激しないことを重視し、必要とされる支援を拒否している。

親子双方が支援を拒否

Bさんは精神疾患が疑われたが、医療機関を受診をしていないため障害者手帳を取得できていない。そのため、サービスや障害年金を受けられず、親の年金に依存している。

このような状況にありながら、両親は波風を立てないように、課題を家庭内に抑え込むような様子だ。他者の訪問後、Bさんが暴言を吐くなど荒れるため、自分たちの介護サービスの導入に対しても娘の反応を恐れて否定的になっている。両親はBさんから心理的虐待を受けているともいえる。

外部介入を難しくする背景

ひきこもり問題を抱える家庭では、親子双方が外部からの介護サービスによる支援や、ひきこもる本人への社会参加支援を拒否し、家を閉ざしている例がみられた。

このような場合は、外部からの介入がとりわけ難しくなる。そこに至る背景の1つとして浮かび上がるのが、本人の支出過剰などの問題であり、家族会の調査（2019）のなかで、71事例が該当する。支出に問題がある場合は、「狭義のひきこもり」ではなく、趣味などの用事があれば外出できる「準ひきこもり」の行動が関連していることも多かった。本人には一定の行動範囲があり、趣味にまつわる支出や遊興費などが支出過多の要因になっていると推察できる。

このような支出が発端となり、親の生活を脅かすほどの金銭を要求したり、家の通帳を本人が管理するような例もある。こうした状況から、ひきこもる子どもが介護サービスの導入に反対したり、親が本人の意向を気遣って介護を受けることを断念するといったことが起こる。

また、支援を拒否する要因に、子どもによる暴言や暴力も挙げられる。なかには、ひきこもり状態にある人が家族全体を支配しているケースもある。介護関係者が訪問した際、子どもに聞こえるところで母親が本音を話すことができないため、筆談によって母親の意向を聞き出すこともあるという。

別の例では、父母どちらかの認知症のため、家族全体の生活が不安定になっていることがうかがわれた。認知症があることで親の判断力が低下し、身の周りのことができなくなり、住環境も悪化する。しかしひきこもり状態にある人が適切な世話をできないため、結果的にネグレクト（介護放棄）になる。

介護の相談には判断や調整のためのエネルギーも必要だが、これらの家族ではそのための余力がなくなっていると思われる。

ひきこもりか否かの線引きの難しさ

ここで紹介した親たちは、高齢になるまで子どものことを外部に相談していないことが多い。「ひきこもりという状態」に該当していても、「ひきこもりという言葉」にあてはめて子どもの状況を考えたことがないのだ。

川崎の事件では、加害者が買い物に行く様子を近所の人がみかけていたものの、生活の詳しい状況は分かっていない。報道によると、加害者は育った養父母の家を出て、働いた経歴もあるようだ。数年前から家に戻って同居を再開していたようだが、養父母自身が、本人と顔を合わせない生活を何年も続けてきたという。このように同居していても、子どもがどこに出かけているのか、誰と交流しているのか把握できない親たちも珍しくない。

そのような状況で、第一章でも紹介した厚生労働省の「ひきこもりの評価・支援に関するガイドライン」（2010）にある「社会的参加を回避し、原則的には6ヵ月以上にわたって概ね家庭にとどまり続けている状態」という定義にあてはまるかの見極めは難しいといえる。「働いていない子どもが家にいる」といった状況と、「ひきこもり」状態を厳密に線引きすることは、同居する家族であっても難しいのだ。

また、ひきこもり状態に該当しなくても、社会的孤立という意味ではさまざまな生活課題を抱えている人が多い。つまり、家族全体を含めた孤立や住環境の問題、外部からの支援に対する拒否である。「ひきこもり」というとらえ方のみで実態を把握することや支援を実施することの限界が、ここに表れているのではないだろうか。「ひきこもり」状態に該当するかどうかに限らず、介護や経済的困窮、精神疾患、家族関係の悪化などのきっかけをとらえて家族が相談を開始したり、周囲が支援を受けることを勧めたりすることが望まれる。

「孤立予備軍」の親子たち

ここで、8050問題を社会全体の動向のなかで理解しておきたい。8050問題は、単に従来のひきこもり問題を抱えていた人が高齢化しただけではない。人口全体が高齢化するなかで、若者の雇用の不安定化、未婚化などが重なり、まだまだ知られていない問題が表面化する可能性は否定できない。

注目すべき現象の1つは、高齢の親と子どもの同居だろう。学校卒業後も親と同居している人はかつて「パラサイト・シングル」といわれ、基本的な生活条件を親に頼り、余裕のある生活をしていた。しかし、現在親と同居してひきこもり状態にある人たちは、むしろ親世代よりも経済的に苦しく、同居せざるを得ないのである。

平成の時代は、若者にとって苦境の時期だったといっていい。平成の幕開けである1990年代（平成2年〜11年）、バブル経済は崩壊し、大学を卒業しても就職が難しい若者が現れた。それまで日本は若者の雇用について「優等生」といわれ、海外のように無職者やホームレス状態の若者が話題になることはなかった。働いて生計を立てているはずの年代が、就職難や非正規雇用化に直面したのは、戦後ほぼ初めてのことである。この世代の実態を十分認識してこなかったことが、社会に多くの課題を残すことにつながっている。

生涯未婚率の上昇と親との同居

平成を生きた若者たちは家族生活という意味でも、それまでの時代の人たちと違う人生を送ることになった。男性の生涯未婚率は1985年まで1〜3％だったのが、2010年には20・1％となり、2040年には29・5％になると推計されている。女性は2010年の10・61％から2040年には18・7％まで高まると推計される（図表2－1）。この未婚化は、経済的な苦境の影響が大きい。特に男性は、年収が低い人ほど未婚率が高いことが明らかになっている。

図表 2-1　生涯未婚率の推移

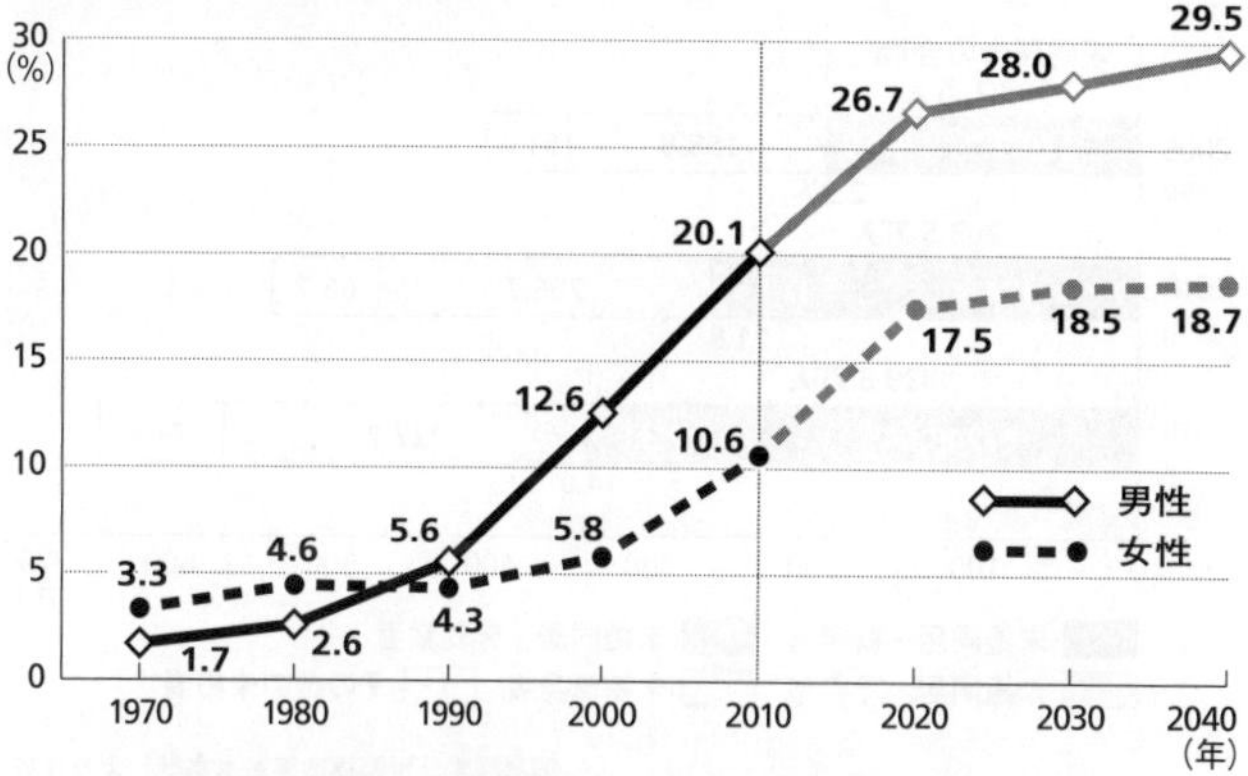

2010年までの実績値は、国立社会保障・人口問題研究所編「人口統計資料集2016年」より、推計値は2013年「日本の世帯数の将来推計（全国推計）」より作成

未婚者が増える一方、親と同居する傾向も強まっている。40代・50代で親と同居する未婚者は２００５年の１９３・２万人から２０１５年には３３９・８万人に増加しており、一人暮らしの人以上の増加を示している。このなかで、就業していない人は２０１５年で77・3万人を数える（図表2-2）。

なお、親と同居する40代・50代の人の動向は、男女差や地域ごとの違いも大きい。２０１５年の国勢調査では、40代・50代の人のなかで親と同居する未婚の非就業者は男性が2・8%、女性が1・7%である。

地域差についてもみておこう。40代・50代で親と同居する未婚の非就業者は青森県が3・12%、沖縄県が2・94%、徳島県が

図表 2-2　40 代・50 代の未婚者の状況

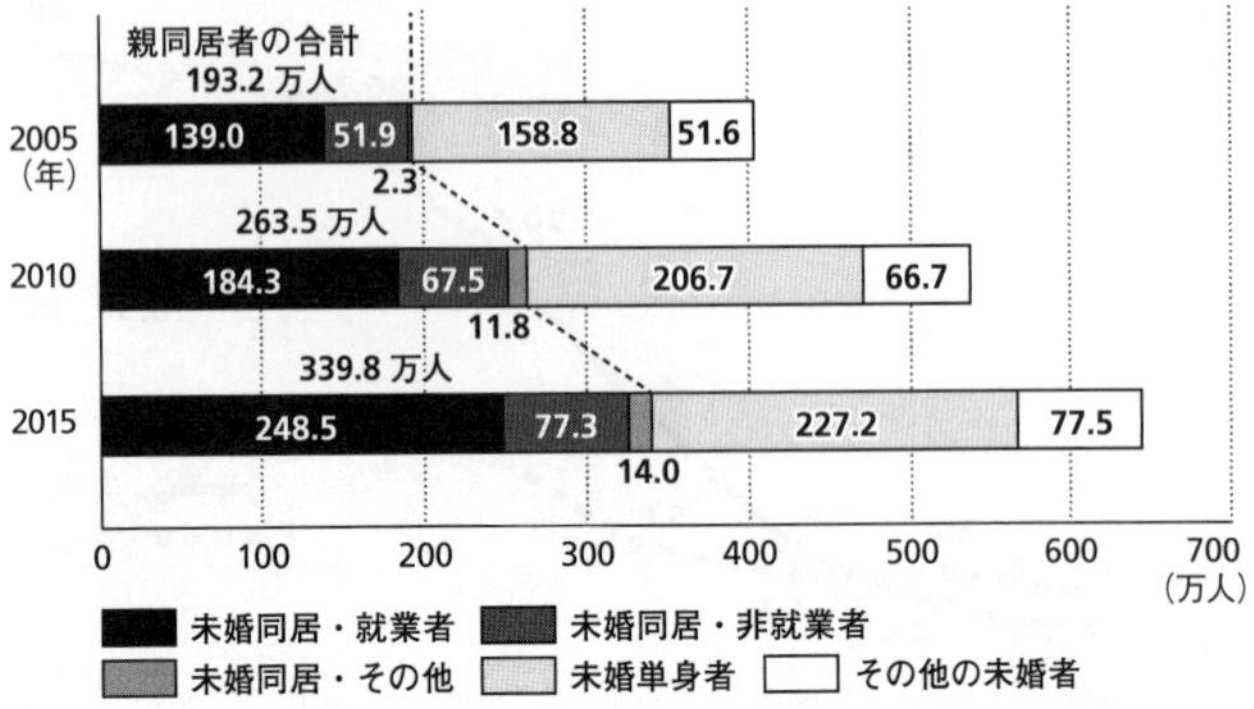

国勢調査「世帯構造等基本集計」より作成

2・86%などと高くなっている。逆に低いのは滋賀県が1・67%、福井県が1・71%、東京都が1・83%である。

第一章で紹介した内閣府がおこなったひきこもりに関する人口推計の調査は、地域でひきこもっている人を探しだすために独自に実施される調査であり、相当なコストがかかると推測される。そのような調査だけでなく、既存の公式統計を有効に活用し、社会的孤立のリスクを抱える人を推計することも望まれる。

親子共倒れを招く経済的要因

「7040《ななまるよんまる》世帯」「8050世帯」に属する人も増加を続けている。

図表2-3は、70代の親と同居する未婚の40

図表 2-3　「7040世帯」および「8050世帯」で生活する未婚者の動向

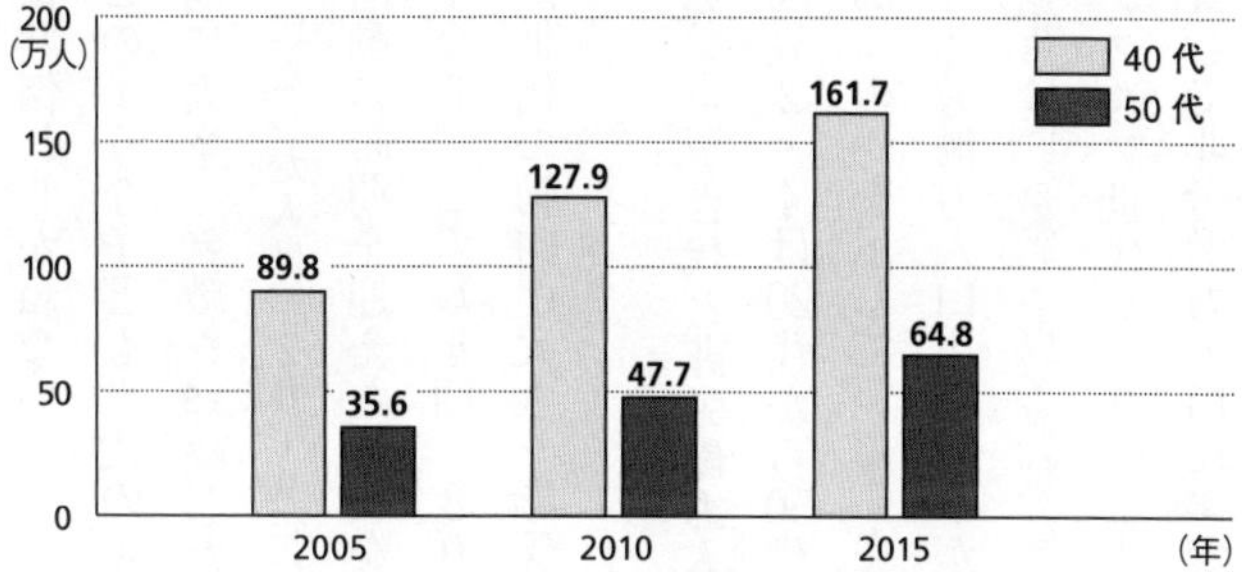

国勢調査「世帯構造等基本集計」より作成

代の子どもの人口と、80代の親と同居する未婚の50代の子どもの人口の変化を表したものだ。同居する親が「両親」の場合の年齢は「男親の年齢」を用いた。

40代、50代の未婚の親同居者は、単身世帯に比べて経済的に苦しい人が多い。2015年に公益財団法人年金シニアプラン総合研究機構がおこなった2083人を対象にした調査によると、年収100万円未満の人は男性25・4%、女性38・5%だという。

非正規雇用者は男性19・6%、女性34・7%である。無職は男性18・7%、女性20・3%にのぼる。このように、親と子が同居しているとはいえ、子ども世代は経済的に弱い立場に置かれているので、親が衰えたり病気になったりすれば共倒れしかねない。

このような子ども世代の苦境が大きく表れる層の1つが、現在の40代だ。バブル崩壊の初期に大卒で就職を経験した若者は、そろそろ50歳に手が届く（1991年度に大卒で新卒採用になった人は、2019年にほぼ50歳になっている）。それ以降、2003年ごろまでに就職活動の時期を迎えた世代を「就職氷河期世代」と呼び、およそ現在の30代後半から40代に重なる。この数年間、8050問題やひきこもりの高齢化が問題化してきたのは、こうした世代の動向が大きく影響していると考えられる。

団塊ジュニア世代と非労働力人口比率

図表2－4は20代から50代までのライフステージごとに、どの程度の人が「非労働力」であるのかを示している。多くの場合、就職期に仕事探しにつまずいたとしても30代になると非労働力人口比率が下がっていることから、仕事に定着していることが分かる。しかし、40代になると再び離職などをする人が多くなり、同比率が上がっている。このうち「団塊ジュニア世代（1971年から74年生まれで、2019年現在およそ40代中盤の人たち）」は、一貫して非労働力人口比率が高い。

図表 2-4　世代ごとの非労働力人口比率

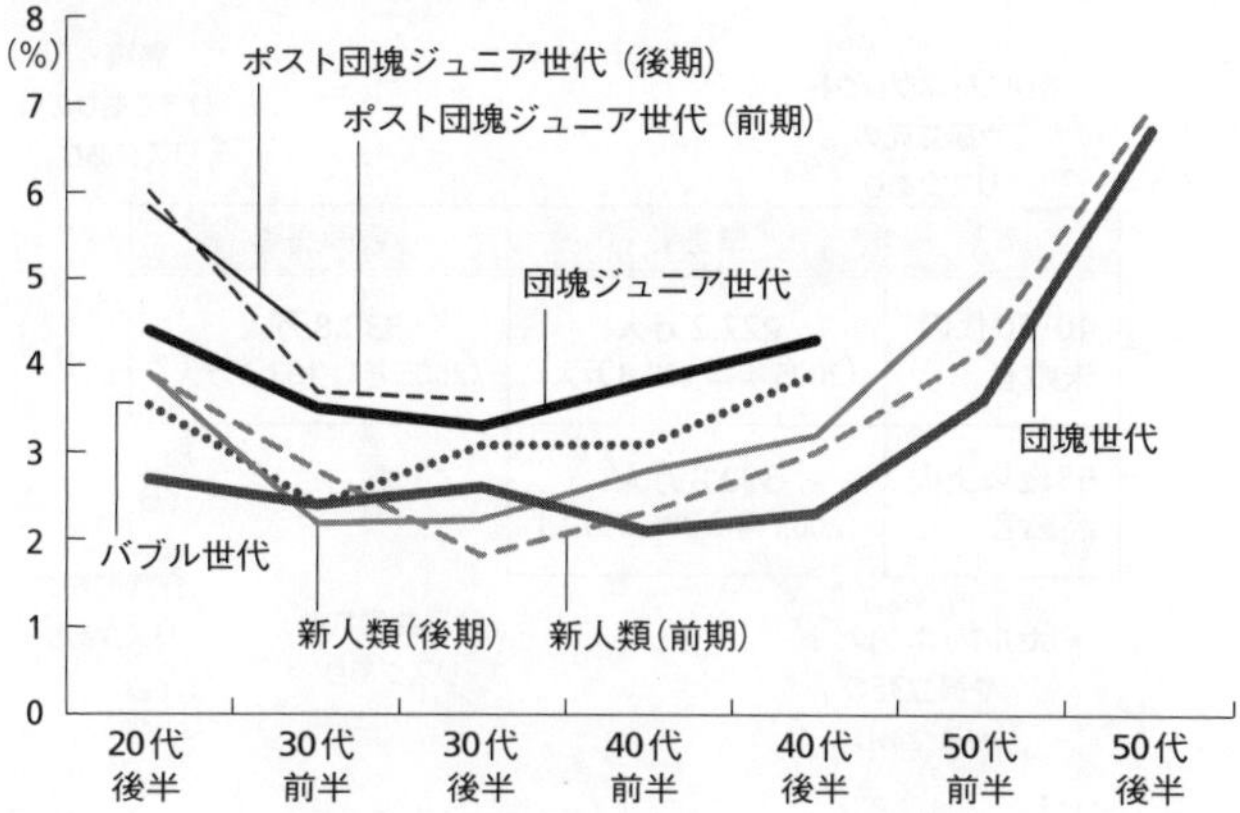

下田裕介『団塊ジュニア世代の実情―「不遇の世代」を生み出したわが国経済・社会が抱える課題―』（日本総研『JR Iレビュー』VoL.5, No.66、2019年）より引用

このように８０５０問題は人口構造、世帯構造の変化からみたとき、必然かつもとの状態に引き返すことができない課題である。

前述のとおり、高齢化や未婚化は２０４０年ごろまで止まらないことが予測されている。８０５０問題の実情は知られはじめたばかりだが、それは決して一過性の現象ではない。もはや目をそらすことができない現実なのである。

社会的孤立は他人事ではない

現在一人暮らしをしている人であれ、親子で同居している人であれ、高齢期を中心とした孤立は一部の人だけの問題で

図表2-5　孤立のリスクを抱える人の状況

	単身者	親同居者
40・50代の未婚者	227.2万人 （2005年は158.8万人）	339.8万人 （2005年は193.2万人）
65歳以上の高齢者	592.8万人 （2005年は386.5万人）	

40・50代の未婚者・単身者：セルフ・ネグレクトや孤立死のリスクあり

40・50代の未婚者・親同居者：無職・ひきこもりのリスクあり／親子共倒れのリスクあり／介護離職のリスクあり

65歳以上の高齢者・単身者：セルフ・ネグレクトや孤立死のリスクあり

単身者については国勢調査「男女別一般世帯人員及び親族人員」（2015）より作成
親同居者については国勢調査「世帯構造等基本集計」（2015）より作成

はない。図表2－5をみると、40代・50代の単身者や親同居者、65歳以上の高齢者はいずれも増加し、それぞれが孤立のリスクを抱えている。

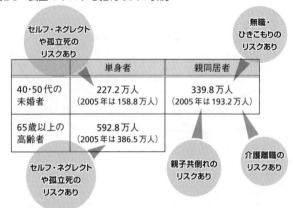

単身者が抱えるリスクとして孤立死がある。2012年に、65歳以上の一人暮らしの男女を対象に実施した内閣府の調査では、誰にもみとられずに死後に発見される「孤立死」を身近に感じる人が45・5％にのぼった。

東京都監察医務院の2006年の調査では、実際に「孤立死（死後他者に気づかれず遺体がそのままとなる死）」を迎える人は男性に多く、50代前半から珍しくなくなるという。孤立死の直前には、自分の健康や衛生状態に気を遣うことができない「セルフ・ネグレクト」状態に陥っていることも推測される。単身でひきこもる人も孤立死のリスクを抱える。

また、親同居者には、無職やひきこもり状態の人が含まれる。親が病気になったり、亡くなったりすると、家のなかのキーパーソンがいなくなり、共倒れに陥るリスクがある。親の介護のために離職した人も、社会から離れている時間が長くなればやがて人に会うのが怖くなり、同様の状況になりかねない。そして、親が亡くなったあと、今度は子どもが単身者となって孤立する可能性も高い。社会的孤立が決して他人事ではない時代に私たちは生きているのだ。

親子共倒れが招いた遺体遺棄事件

本章の前半で触れた地域包括支援センターが関わっている支援事例は、少なくともセンターは本人や家族の存在を認知しているので、社会的孤立の深刻化を防ぐ希望が残されている。それに対して、社会との接点がないまま不幸な結果に至った例として、親子の共倒れ事例がある。ひきこもる子どもや無職の子どもを高齢の親が支えてきたが、親が病気で倒れる例や、逆に親を介護してきた子どもの体調の異変などで、親の世話ができなくなる例である。なかには親子ともに遺体で発見される悲劇的な例もある。

また、親が亡くなったあとに子どもが適切な行動をとれずに、遺体遺棄などに問われる例がこの数年相次いで報道されている。

2014年4月、ある老親の死が、娘の逮捕という結果に至った。愛知県名古屋市で母親（76歳）と暮らしていた娘・C（43歳）が、母親が意識不明となったことを誰にも連絡できず、保護責任者遺棄致死罪に問われたのである。母親は脳内出血で意識を失ったが、Cは外部に助けを求めることができなかった。母親は死亡し、Cは逮捕された。

Cは小学校6年生のとき、周囲に容姿をからかわれて不登校になった。以降30年以上自宅にひきこもり、外出したのは10代後半に病院に行った一度きりだったという。事件の12年前に父親が亡くなってからは、母親と二人暮らしだった。母親の年金や貯金を取り崩して生活してきた。

しかし事件のあった年の春、認知症が悪化した母親は自宅で転んで骨折し、外出できなくなった。Cは介護や買い物の必要に迫られ、恐る恐る外に出はじめたという。

〈32年間のブランク。何も分からん。何もできん〉

〈行けた、〇〇（スーパーの名前）〉
〈レジで質問されて答えられなかった。話しかけられると緊張する〉

当時の日記にはこうした言葉がつづられ、緊張しながら社会との接点をもとうとする姿勢がうかがわれた。そして事件が起きたのは、Cが外出を始めて1か月たったころだった。

裁判で、検察官から母親が意識を失った際の心境を聞かれ、「母は助けてほしかったと思う。でも、人と会う怖さが勝った」と語っている。Cは6日たってから市内に住む親族の女性に「母親が息をしていない」と連絡し、事件が警察に伝わることになった。

判決は、事件までCが母親の世話をしていたこともふまえ、懲役3年保護観察付き執行猶予5年となった。Cは裁判で、「ひきこもりから立ち直れず母につらい思いをさせ、申し訳ない気持ちでいっぱい」と話したという。

孤立した親子を発見する地域の役割

このケースのように、どのような支援者にもつながっていない親子を発見するには、地域の役割も大きい。

8050問題を受けて、地域で社会的孤立の問題解決に取り組む民生委員や町内会員が集まる研修会で、孤立した親子の支援がテーマとなる例もみられるようになった。そこで質問として多いのが「孤立している親子をどのようにしてみつけるか」だ。

高齢者が夫婦や単身で生活していれば、孤立の危険が高いと周囲は心配する。しかし、子どもと同居している場合には危険が見すごされる。地域での見守り活動を、高齢者世帯だけでなく親子で暮らす世帯にもひろげる必要があるだろう。

対象を問わない支援窓口

もう1つ、民生委員や町内会員にとって気になるのは、発見した家族をどこにつなげばいいかである。

先にも触れた地域包括支援センターは高齢者の支援を専門としており、「80（親側）」の支援はできても「50（子ども側）」は支援の範囲ではない。実際に、各地で地域包括支援センターと連携しながら家族全体の支援にあたっているのが生活困窮者の「自立相談支援窓口」である。

「生活困窮者自立支援法」は2015年に施行された法律だ。「生活困窮者」とは、「就労の状況、心身の状況、地域社会との関係性その他の事情により、現に経済的に困窮し、最低限度の生活を維持することができなくなるおそれのある者」をいう（生活困窮者自立支援法第三条）。

生活困窮者に対する自立の支援は、「生活困窮者の尊厳の保持を図りつつ、生活困窮者の就労の状況、心身の状況、地域社会からの孤立の状況その他の状況に応じて、包括的かつ早期に行われなければならない」（生活困窮者自立支援法第二条）とされている。

支援の入り口にあたるのがこの自立相談支援窓口である。従来のひきこもり支援や若者支援は、39歳までなど年齢制限のある窓口が多い。それに対し、年齢や対象を限定しないこの窓口には、ひきこもりの長期化・高年齢化とともに複雑になった困りごとに対応することが期待される。

自立相談支援事業は、全国の福祉事務所が設置されている約９００の自治体（おもに市部）に窓口があるほか、都道府県などが町村部に設置する窓口や、一自治体で複数の窓口を設置している例を含めて合計１１８９窓口がある（２０１８年7月現在）。

窓口は、市役所などの行政が直接運営している場合と、社会福祉協議会などに委託している場合とに分かれる。以下では、この自立相談支援窓口の相談事例をみていく。

支援窓口を訪れた年老いた母親

70代の女性が、自立相談支援窓口を訪れた。「働きたい。仕事がほしい」という。なぜ働きたいのかを問うと、「貯金も底をつき、お金がない」という。なぜお金がないのだろうか。「じつは何年も働いていない40代の息子がいて、お金がかかる」。この女性は息子から経済的に依存され、しばしば金銭を要求されていた。息子から暴力を受けていることも分かったという。

この場合、女性が訴えている表面的なメッセージは「働きたい」「お金がない」だが、その裏に隠れているのは「息子がひきこもっている、息子から暴力を受けている」ということだ。じつは、自立相談支援窓口に相談に来る人は「ひきこもり」という言葉を知らないことが多い。または、そうした言葉で自分のことをとらえていない人が多い。「ひきこもり相談」という窓口があっても、ひきこもり状態にある人が自分のことを該当者だと思うとは限らない。それに対して自立相談支援窓口は「暮らしと仕事の生活センター」というような名前で運営されているところが多い。こうして間口を広くしたうえで来所、相談を呼びかけることで、より多くの対象者とつながっていく余地も生まれる。

実際に自立相談支援窓口を対象にした家族会の調査（2018）では、回答した151

図表2-6　年齢別対応窓口数と割合（151窓口中、複数回答）

	窓口数	%
10代	42	27.8
20代	83	55.0
30代	91	60.3
40代	92	60.9
50代	77	51.0
60-64歳	24	15.9
65歳以上	13	8.6
対応事例あり	133	88.1

KHJ全国ひきこもり家族会連合会による調査（2018）より作成

か所の窓口のうち、88・1%の窓口ですでに「ひきこもり」の事例に対応したことがあった。また、対応したことがある本人の年齢層では40代が最も多かった（図表2-6）。

ひきこもり事例に対応した割合がいちばん多いのがNPO、次いで社会福祉協議会での運営による窓口、そのあとに行政直営の窓口がくる。

また地方より都市部のほうがひきこもりの対応が多くなるなど、地域差はあるが、対象を限定しない相談活動のなかで「ひきこもり」への対応が珍しくないことが読み取れる。

「ひきこもり」の定義が必ずしも共有されていないため、「対応したことがない」と答えている窓口でも実際には「家族問題」「ニート」などの範囲で受け付けた可能性もある。

図表 2-7　ひきこもり以外に本人が抱える課題（複数回答）

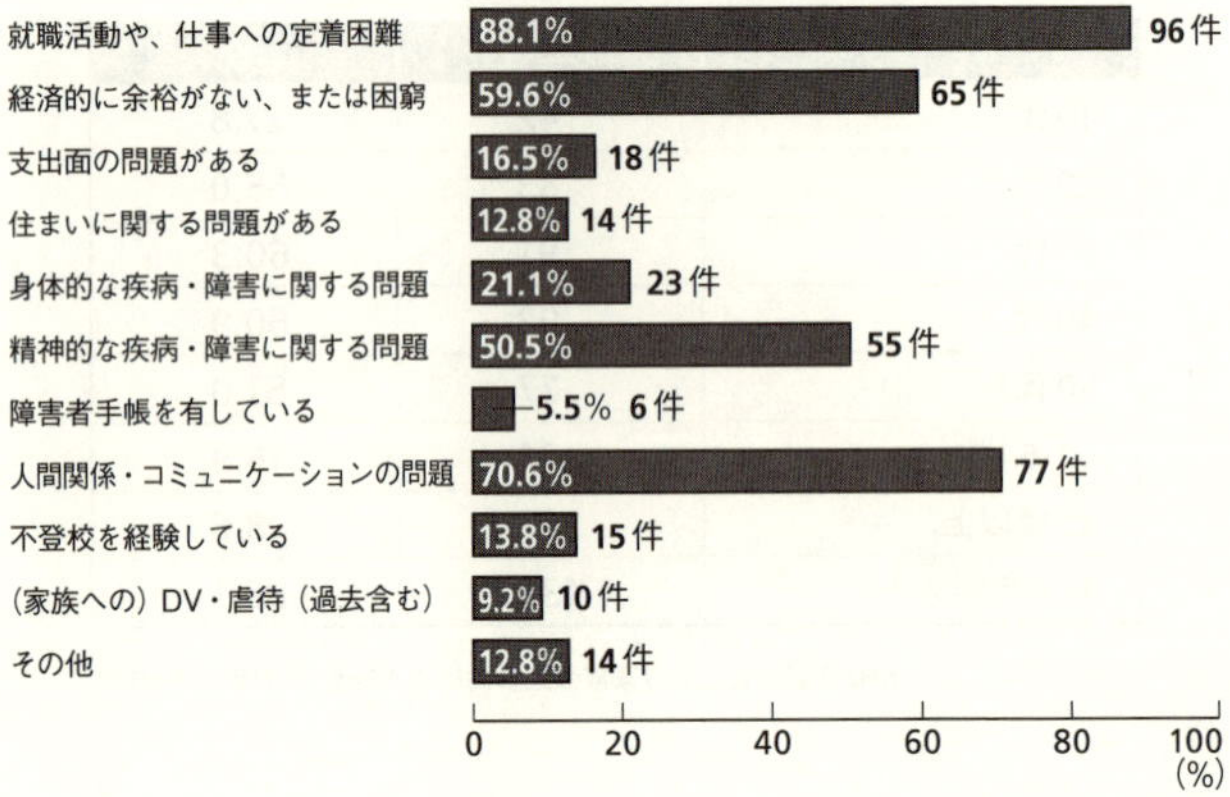

KHJ全国ひきこもり家族会連合会による調査（2018）より作成

支援窓口が対応したひきこもり事例

家族会の調査（2018）では、自立相談支援窓口ごとに1件ずつを選び、対応した40歳以上の事例について回答してもらった。結果、109事例が集まった。

注目されるのは、「すでに父親が亡くなっている」例が半数近くの53事例、「母親が亡くなっている」例も27事例あったことである。また両親のいずれかが「要介護」の場合は14事例、「認知症」は20事例だった。

支援の対象者である本人が、ひきこもり状態以外に抱えている課題は図表2－7のとおりである。就職・仕事に関する課題のほか、人間関係・コミュニケーションに関する問題や、経済的困窮の問題、精神的な疾病・

障害に関する問題が目立つ。こうした状況を反映して、自立相談支援窓口はハローワークなどの就労関係の窓口以外に、生活保護や障害を担当する行政の窓口、保健所・保健センター・精神保健福祉センターや医療機関と連携しながら支援を進めている。

ひきこもり相談の段階を過ぎた家族

第一章でみたように、若年層のひきこもり相談は、両親のどちらかが子どもの状態を心配して窓口を訪れるかたちで始まることが多い。しかし、高齢化が進み、自分たちの介護が必要となる段階の親たちが、子どもの相談を新たに始めるのは難しい。すでに触れたように自立相談支援窓口から寄せられた事例では、父母が高齢の場合や死亡している場合も多く、ひきこもり相談に専念できる時期は過ぎている。それが川崎の事件の事例であり、地域包括支援センターが出合う事例である。

以下では、両親に介護が必要な状況や、両親が施設に入所した状況で、自立相談支援窓口がひきこもる本人の支援に乗り出した例をみていこう。

事例2－③　ひきこもり状態にあるDさんは40代男性

対人不安が強いDさんに対し、自立相談支援窓口の担当者が丁寧に信頼関係を構築した結果、外部の助けが必要となったDさん自らがSOSを発した。

必要とされる地道な関係づくり

Dさんは、父親とは死別しており、70代の母親と同居している。高齢者介護を受けている母親が、介護支援専門員・ケアマネジャーを通じて自立相談支援窓口に「息子のことが心配だ」と連絡をした。

Dさんは学生時代に受けたいじめがきっかけで、ひきこもり状態になったという。以後、20代、30代と長らくひきこもっていた。また対人不安、強迫性障害などの精神疾患を発症しているため、本人が外出することも、同相談窓口の支援者が訪問することも困難だった。

しかし、支援者はあきらめずにDさんに定期的に電話相談をおこなった。また、ケアマネジャーを通じてDさんの成育歴や家計状況を母親から聞き、母親にも本人支援に協力してもらえるような体制をつくった。

　ある日、Dさんが自宅でけがをした。病院に同行してほしいとDさんが自ら自立相談支援窓口を訪れたことから、本人と初めて接触することができた。Dさんの信頼を得ていたこと、関係機関との連携により母親ともつながっていたことが、彼らのSOSのキャッチにつながったと思われる。Dさんにとって外出は10年ぶりのことだった。


　この例では、高齢の母親が自らひきこもりの相談に動くことはできないが、介護を担当するケアマネジャーは息子の成育歴などを詳しく聞くことができた。このように複数の機関のあいだで丁寧な情報収集を積み重ねたことが、Dさんが自らSOSを発することをスムーズにしたといえよう。

　ただ、ひきこもる子どものために介護サービスを受け入れられなかったり、利用を控えたりする心理が働くことは本章でみてきたとおりである。高齢者が自らの権利を守れるような支援、子どもを支えることで高齢者も安心できるような支援など、課題は多い。

　家族会の調査（2018）では、さらに高齢化が進み、親が施設に入ったり亡くなったりしたことで、本人だけが家に取り残された例もある。そうした対応例をみてみよう。

事例2－④　ひきこもりの状態にあるEさんは50代男性
両親は亡くなっており、孤立状態にある。食料支援をとおして支援者はEさんとの信頼関係を築いた。

「生活保護を受けるくらいなら死ぬ」

Eさんは人との関わりや援助を拒絶する面があり、信頼関係を築くのに時間がかかった。医師など限られた人との関わりのみで生活してきており、安易に人を信用しない面や、新たな人間関係の構築に興味を示さない様子がみられた。

また、自立相談支援窓口の支援者との面談でも情報を開示しなかったり、反抗的な態度をみせたりしていたが、同窓口ではボランティア団体との提携による食料支援など、関係機関が目にみえるかたちで関わりを続けた。やがてEさんの態度も和らぎ、自身の事情を話すようになった。

Eさんは関係機関からの支援に対して、当初は「自分なんかのために申し訳ない」と話していたが、次第に「支援を受けてがんばろうという気持ちになった」と前向きにとらえるように意識が変わっていったという。とはいえ生活保護の受給には抵抗感を示し、当初「保護を受けるくらいなら死ぬ」という言葉をもらしていたが、体調不良などから就労には結びつかず、最終的には受給に至った。

事例2-⑤　ひきこもりの状態にあるFさんは50代男性

母親が介護施設に入所後、外部との接触がないままに一人暮らしを続けている。安否は確認できたものの、自立相談支援窓口につながることはなかった。

時機を逸した支援

自宅で介護支援を受けていた80代の母親の介護施設入所が決まり、一人暮らしが始まるタイミングで自立相談支援窓口が地域包括支援センターから相談を受けた。訪問しても玄関には鍵がかけられており、インターホンにも反応がない。

それから数か月たち、夏季になり、所持金も減っていると推測されるなかで、脱水を起こしていないか、食事がとれているのかを心配した。しばらく安否がつかめなかったため、行政の関係者と連絡を取り合いながら、ようやく生存を確認した。
Fさんの場合、窓口担当者は「母親の施設入所のために、自宅にヘルパーやケアマネジャーが出入りしていたころであれば関係もつくれたと思うが、時機を逸したともいえる。介護サービス事業所が関わっていたころに私たちの自立相談支援窓口を本人に紹介いただけたらよかったのにと感じた」と振り返った。窓口担当者は、現在安否確認を機に本人との接点を構築するよう模索している。

この事例は、母親に介護が必要になり、介護関係者が家のなかに入った。しかし、子どものひきこもりについて支援がおよぶことなく母親が施設に入所。家に取り残された本人に、困難なアプローチを開始せざるを得なくなった。このような事態にならないよう、介護関係者が入る段階からひきこもりの支援者と連携を図ることが望ましいといえる。

取り残された本人への支援

事例2-④や2-⑤では、両親が亡くなったり施設に移ったりして、家に1人取り残された本人に対する支援例をみてきた。ひきこもる本人の「親亡きあと」の生活について、親子から切実な声が聞かれることもある。

「自分たちが死んだら、絶望して子どもも生きていられないのではないか」

「自分なら親に先立たれたあと死を選ぶと思う」

しかし、孤立した人がすべての社会的な関係を断っているとか、外部との関わりを望んでいないとか、第三者が勝手に判断すべきではない。生活者として孤立した人が何を必要としていて、何を望んでいるのかを多面的に、時間をかけて考える必要がある。

プライバシーと支援介入

社会的孤立の度合いが高いケースや、自ら支援を求めることがないケースに介入するとき、本人や家族のプライバシーや自己決定権は尊重されなければならないし、意向に反した介入は避けなくてはならない。一方、人命や健康が損なわれている状況を発見したとき、何よりも生存確認を最優先すべく、支援者が何らかの行動を起こさないわけにはいかない。現場では何を尊重し優先するべきかをめぐって難しい判断を迫られる支援者も多い。支援者に与えられる権限の範囲などを含めて制度を見直すなど、議論を積み重ねていく必要がある。

支援窓口の担当者が感じる困難

高齢になった親が、我が子のひきこもりについて相談することができなくなったあとに、外部の支援者が本人にアプローチすることは難しい。本章では、介護関係者に我が子のことを話したことで本人と支援者の信頼関係ができた例、親の他界や施設入所で本人だけが家に取り残された例をみてきた。

これらの例では支援者との接点が何らかのかたちで構築できたといえる。一方、支援の糸口がまだつかめていない例が多く存在するのも事実である。支援者からみたアプローチの困難について、前述の家族会の調査（2018）の調査結果から探ってみよう。

ひきこもり状態の人の支援は、何よりも時間を要し、数年単位におよぶこともある。実際に支援現場にいる人たちの声に耳を傾けてみよう。

「本人と面会できるまで半年間訪問を続けた」

「多くの労力がかかり人手不足を感じている」

支援には時間と根気が必要である。また、人間関係の構築には多くの配慮を必要とするが、行政機関ではせっかく始まった相談が担当者の人事異動などで途切れることも多い。これは相談者だけでなく、支援者にとっても問題の1つだといえる。また、

「ひきこもり状態は改善がみえにくいので、急いではいけない」

「焦ると失敗する」

ともいわれ、支援者側のマンパワーや時間的な余裕も試されている。ひきこもりは長期化すればするほどアプローチは困難になるため、「支援に時間を要する」という声の裏側には、「より早く支援を開始することはできなかったのか」という問いかけも隠れている。

「これまでひきこもり状態にある子どもを支えていた親などが死亡する、または病気などで支えることが困難になって、初めて相談に来る人が多い印象がある」

ある支援者はため息まじりにこうもらした。

「本人や家族が問題を感じていない」

外部からみれば、本人や家族が孤立した状況に危機感を覚えるが、むしろ「親が亡くなるなど、動きださざるを得ない状況にならないと、なかなか支援を受ける気になってくれない」という支援者の訴えが聞かれる。

ひきこもり状態で困っていることには、外部からみた場合と本人とのあいだでギャップがある。また、これまで伝えてきたように家族の側に現状を変えることへの躊躇《ちゅうちょ》が大きく、親に「息子さんに会えませんか？」とお願いしても、「自立相談支援窓口に相談していること自体、息子には言えない」と拒否されることもあるという。第一章でみたように、家族たちが踏み込んだ対応を望まないケースも少なくない。

ここで紹介してきた自立相談支援窓口の支援者の意見は、一朝一夕にひきこもり状態を解決する手法がないなかで、何を実行していけばいいのかという支援者の迷いともいえるだろう。

「支援機関につながれば早期の解決につながると期待されており、相談員も大きな変化を求めがちである。しかしひきこもり本人が支援にたどり着くまでには時間が必要で、また社会参加、就労までにはいくつかのステップがあるのも事実である」

そうしたなかで、目にみえる成果がなければ家族も相談から足が遠のいていく。

そのほか、「ひきこもり支援の専門性に不安がある」「支援のための地域の連携体制が不足している」などの声が寄せられている。

ひきこもり・8050支援はどうあるべきか

40歳以上の無職やひきこもり状態の人を含め、8050問題の対応は始まったばかりといえる。介護をきっかけに家族にアプローチする介護関係者や、年齢や分野を問わない自立相談支援窓口の支援者による対応例は、今後も増えていくと思われる。一方、外部には窮状に思えても、本人や家族が支援者の提案をなかなか受け入れられない実情があるのも現実である。

限界に至るまで外部の支援から家庭を閉ざす人たち、支援を求めている反面、具体的な提案を受け入れにくい家族の姿がある。そこには従来の「家族観」、「ひきこもり観」を見直す余地があるように思われる。

ひきこもりの支援とはこれまでどのように進展してきたのか、今後求められる視点は何かを、本書の後半で改めて考えていきたい。

第三章　ひきこもり支援の糸口

無業者やひきこもる人への支援の展開

川崎市と練馬区で起きた事件によって、改めてひきこもりの問題に社会の目が向けられるようになった。では、ひきこもる人や家族への支援はどのように進展してきたのだろうか。すでに触れたように平成の時代を通じて若者の雇用問題が表面化し、就学や就労をしておらず職業訓練も受けていない若年の「無業者」やひきこもる人への相談支援の仕組みが整えられてきた。

２０００年前後にひきこもる人が関与したとされる事件が複数発生し、そのことが社会的対策の進展につながった面もある。それからほぼ20年が経過しようとしているが、相談や支援の仕組みは果たして十分に整ったといえるのか。現状と課題を見渡してみたい。

代表的な相談先

家族の誰かがひきこもったとき、どんな機関に相談すればよいのか。いちばん近くにある窓口はどこなのか。すぐに思いつく人はおそらく少ないだろう。

代表的な窓口として、「ひきこもり地域支援センター」があり、都道府県や政令指定都市に設置されている。一般的には「精神保健福祉センター」という行政の機関に併設されている。精神保健福祉センターは、「こころの健康相談」という名称で開設されていることが多いことから分かるように、精神保健相談（こころの健康に関する相談）などを専門としている。また、第二章で紹介した生活困窮者自立支援法に基づく「自立相談支援窓口」がある。「くらし・しごと相談センター」といった愛称が付けられていることが多いため、居住地域ではどんな名称で開設されているのか確認しておきたい。

ただし、ひきこもり地域支援センターは、都道府県の県庁所在地や政令指定都市にしか置かれていないことがほとんどだ。自立相談支援窓口も、多くは市役所などに設置されている。自宅から遠く通い続けるのは難しい場合もあるだろう。そのようなとき、窓口に電話で問い合わせれば、地域でひきこもりに関する相談を実施している機関や団体を紹介してもらえることがある。

民間のNPOは自主事業として〝居場所〟を開設したり、家庭訪問を実施したりしていることがある。また家族会では、同じ悩みをもつ家族同士が経験を共有して話し合うことができる。なお、本書で紹介する制度は、地域によって実施状況や運用が異なることがあるため、お近くの自治体などへの問い合わせをお勧めする。

ひきこもりは外からは同じ状態にみえたとしても、何に困っているのか、何を優先して解決しなくてはならないか、人によって大きく違う。つまり、ニーズ（〝困りごと〟や欲求）はじつに多様だ。

長野県のひきこもり地域支援センターのガイドブックで紹介されている支援例をみてみよう（表現を一部改変）。

事例3−①　ひきこもり状態にあるGさんは20代男性

支援者のアドバイスにより、両親がGさんへの接し方を変え、医療機関での受診につなげた。

短期解決を焦る両親に窓口が助言

Gさんは専門学校を卒業後、8か月ほど会社に勤めていたが、突然欠勤するようになり、仕事を辞めた。両親から次の仕事を早く探すようにと言われ続けたGさんは家族と一緒に食事をとらなくなり、自室にひきこもる時間が長くなった。困った両親はひきこもり地域支援センターを訪れ、対応方法を学ぶことにした。そのときアドバイスされたのは、「口には出さないかもしれないが本人は不安でつらい思いを抱えており、家族の対応に工夫が必要なこと」「短期間で解決することを強く望まないこと」「本人の心身に不調がみられる場合は、早めに病院で受診すること」などだった。

翌日から両親は、Gさんが居間にいるときには「おはよう」とあいさつをしたり、テレビを一緒にみる時間をつくり、仕事とは関係のない話をしたりするように努めた。そうしているうちに家のなかの緊張感が解け、Gさんの表情は和らいでいったという。また、簡単な家事を役割として分担することで、小遣いを渡すことを決めた。家族とスムーズに会話ができるようになったころ、Gさんは仕事を欠勤したときの状態を両親に打ち明けた。不眠や意欲の減退、慢性的な疲労感があり、仕事を続けるのが難しかったとのことだった。

その後、Gさんは相談機関の紹介で精神科を受診し、薬を飲むなどの治療をしばらく続けると、睡眠のリズムは回復し、家事をする回数も増えていった。そこで、仕事を始める前段階として、同センターから就労支援をおこなう「地域若者サポートステーション」を紹介され、就職活動に関する相談をすることになった。

段階的な支援の仕組み

この支援例から分かるように、ひきこもりの相談では「ひきこもり状態の解消」がただちに目標となるわけではない。

家族内の人間関係が悪い場合は、ひきこもり状態にある人に何らかのアプローチをする以前に、家族が本人への接し方を変えるよう助言される。家庭のなかで自然に会話することができるようになると、本人が悩みを話したり、家族が支援についての情報を本人に伝えたりすることができるようになる（「**家族支援**」）。

Gさんの例では、社会参加をするための支援よりも先に、精神的な安定を目指すために精神科に通院することになった。「働きたい（働いてほしい）」という願いが本人や家族にあったとしても、社会生活にブランクがある場合には、まずこころの健康を取り戻したり、生活リズムを安定させたりといった支援が必要になることが多い（「**個人支援**」）。

また、社会生活を営むためにまずは人と接することに慣れ、安心して時間を過ごせるよう居場所が提供されることもある（「**居場所型支援**」）。

こうした段階を経て、本人が希望する場合には、就学や就労などの次のステップに進んでいく。Gさんは地域若者サポートステーションを利用している。地域若者サポートステーションは、2006年に厚生労働省がモデル事業として設置を開始した機関であり、就労を目指している若者（39歳までを対象としていることが多い）に、働くうえでの不安や困りごとに関する相談や、人と触れ合うことに慣れるためのサークル活動、職場体験やパソコン講座などを実施している。

そのほかに、生活困窮者自立支援法による相談事業でも「就労支援」や同法に基づく「就労準備支援事業」（任意事業）を実施している。障害者総合支援法に定められた制度として、一般企業などへの就労を希望する人を対象とする「就労移行支援」や、一般企業での就労が困難な人を対象とする「就労継続支援」がある。いずれも、就労に必要な知識や能力の向上のために必要な訓練を一定期間行う（「**就労支援**」）。

以上のような「家族支援」「個人支援」「居場所型支援」「就労支援」は、必ずこの順番で進むわけではないが、ひきこもり支援を実施する多くの機関や団体が共通でおこなっている。本人や家族の状況に応じて必要な支援が組み合わされることが重要である。

個人のニーズに合った支援を提供した例をみてみよう。

事例3―② ひきこもり状態にあるHさんは20代女性
高校時代に学校に行けなくなり同世代との交流に自信をなくしたHさんに、NPOの支援者は安心して参加できる居場所を紹介した。

居場所型支援で同世代とのつながりを回復

Hさんは高校時代の不登校からひきこもり状態になり、わずかに連絡をとっていた友人との関係も途絶えた。ひきこもり生活は5年ほど続いていたが、母親の紹介で不登校の児童・生徒を支援するNPOで開催されている20代の若者の集まりに恐る恐る参加することになった。

Hさんはファッションや流行の話題で盛り上がる同年代の友達との付き合いを苦手にしていたが、若者のつどいでは支援者が参加者のあいだを取りもってくれたため、アニメが好きな若者同士で交流ができるようになった。

声優になるという夢をもっていたが、実力が問われる世界であるため実現するのは難しいと悩んでいた。あるとき、若者のつどいでHさんが持参した手製のケーキが好評だったことから、自分の長所を知ることができた。そこで、調理の専門学校に進学することを決めた。

この事例のように、多くの「居場所」では、それまでコミュニケーションを苦手としていた人が安心して参加できるように、輪のなかに入れない参加者に支援者が声をかけるなど工夫がなされている。趣味などの活動をともにするうちに、参加者が将来やってみたいことをイメージできるようになるなど、次のステップへスムーズに進めるようにも配慮されている。

事例3−③　ひきこもり状態にあるIさんは30代男性

地域若者サポートステーションでは、Iさんが自分自身を理解するためのプログラムを提案。同時に社会生活がスムーズに送れるノウハウを伝えることで、就労につなげる支援をおこなった。

就労支援で自分の得意不得意を知る

Iさんは事務の仕事でミスをして叱られることが続いた。同僚との会話が苦手だったので、昼休みは自席で新聞を読み続けていた。そのうちに自分は「変な人」と思われているのではないかと思うようになり、やがて職場に居づらくなって退職。数年間家庭を中心に生活したのち、30歳を迎えたのを機に再就職したいと考えた。そこでIさんは地域若者サポートステーションに通い、参加者がお互いに得意なことや苦手なことを発表し合いながら自己理解を目指すプログラムに参加するようになった。

忘れ物の多さや興味のあることに熱中する自身の性格は、発達障害に関連があるのではないかと感じたIさんは、医療機関に通いはじめた。そこで、自閉スペクトラム症と診断された。

この診断を受けてサポートステーションでは、ストレスをため込まないよう体調を管理しながら働くことや、上司に質問をするコツを教えてもらい、その後飲食店でのアルバイトを始めた。

Iさんのように社会生活のなかで生きづらさを感じた若者が、障害の特性を正しく知るために医療機関などで診断を受けることは重要だ。多様な参加者と一緒に活動するうちに、自分の得意なことや苦手なことを自然に理解していくことが可能になるケースもある。

事例3―④　ひきこもり状態にあるJさんは30代男性
医療機関でうつ病と診断され、障害者手帳を取得。障害者向けの支援サービスを受けている。

医療の助けを借りて心身の安定を取り戻す

大学生だったJさんは、就職活動の面接に向かうため電車に乗っているときにパニック発作を起こし、そのまま大学にも通えなくなった。医療機関でうつ病と診断され、障害者手帳を取得した。何とかしたいと思いながらも1日の大半を自宅で過ごしていた。

30歳になったころ、自分を支えてくれていた父親にがんがみつかった。将来のことを不安に思ったJさんは、医師から紹介された障害者の支援団体が用意する居場所に通うようになる。そこに通所する仲間たちの悩みを聞いているうちに、Jさんも支援者として働きたいと思うようになった。Jさんの温かい人柄は支援団体の運営者からも評価され、数年後、就労継続支援事業所の指導員として活動することになった。

障害者向けの制度やサービス

ひきこもる人のなかには精神疾患がある人がいるが、第一章でみたように精神科や「こころの健康相談」に足を運ぶことに抵抗感を抱いている場合も多い。しかし、医療機関で診断を受け、一定の手続きを取ることで、障害のある人向けの各種サービスを利用できることがある。

そのなかには、趣味の活動や参加者同士の交流ができる場所に通う居場所型の支援や、仕事に就けるようにサポートをおこなう就労支援もある。障害者手帳を取得して一般企業で働く場合、手帳を持っていることを周囲に明かさない場合もあれば、障害者雇用枠を利用する場合もある。障害者向けの制度やサービスの利用は、利用する・しないといった二者択一ではない。利用のタイミングは選ぶことができるし、利用を周囲に告げるかどうかもその人次第といえる。

支援体制の限界～①年齢による「切れ目」と「壁」

ひきこもりの長期化・高年齢化の時代を迎え、これまでの支援体制が必ずしも十分ではないことが分かってきた。

1つは年齢による「切れ目」である。学齢期の子どもの場合、不登校と重なってひきこもりが生じることが多い。義務教育の期間なら、学籍のある学校の教員による家庭訪問を受けたり、教育委員会が設置する教育センターなどを利用したりすることもできるだろう。一方、学齢期を過ぎると、そうした支援は基本的には受けられなくなる。

中学校で不登校だった人や高校を中退した人が、その後ひきこもり状態になり、相談先が分からないまま何年も過ごした例は少なくない。自治体によっては、家族の同意を得て在学中から卒業後の相談先を紹介するなどの試みもあるが、本格的な対策は実施されていないといえるだろう。学校教育のなかにおける相談と、卒業後のひきこもり相談は、行政の所管が違うことも支援の壁になっている。

もう1つは年齢の「壁」で、子ども・若者支援の多くがおよそ39歳までを対象にしていることである。特に壮年期から高齢期になるまでの人を対象とした、新たな支援体制の充実が求められている。

支援体制の限界～[2]就労支援の狭き門

若年期のひきこもりに関する支援の代表的な手法が就労支援であるが、実施する事業者は年度内などの短期間に就労の実績を出すように求められることが多い。このため、就労実績につながりやすい人を支援対象者として選ばざるを得ないという声が上がっている。

事例3－①や3－③のなかでも紹介したように、かつて地域若者サポートステーションは、ひきこもりに関する主要な相談窓口の1つとみなされていた。しかし、ひきこもり地域支援センターとの重複を回避するため、2017年度からはひきこもり状態の人が支援対象から外された。また、2006年の事業開始時には「自身の将来に向けた取り組みへの意欲が認められる者」を対象としていたが、2015年度には「就職に向けた取り組みへの意欲」に変更され、対象者が限定されると懸念されている。

現在、就職氷河期世代が社会参加できるように新たな支援策が講じられている。しかし、これまでの子ども・若者支援策がどの程度有効だったのか、その検証も必要ではないだろうか。2014年の事業仕分けでは地域若者サポートステーションの廃止も取りざたされた。国の方針変更に伴い、事業から撤退した団体があるという報告も各地で聞かれる。

支援体制の限界～③こころの健康相談への抵抗感

もう1つの代表的な支援の手法が、精神保健福祉センターなどで実施される、こころの健康相談である。第一章で紹介した調査でも、これまでに利用したことのある相談先として多く挙がっている。しかし、周囲が窓口の継続的な利用を勧めても、本人は「自分は普通だ」と拒否的な姿勢を示すなど、こころの健康について考えること自体が難しいと感じている場合も多い。精神疾患や障害に対して社会の理解や受容が進んでいないことが、その背景にあると考えられる。

精神障害や知的障害に該当する場合、本人が受診などの行動をとることができれば、障害者手帳の取得や年金の受給といった福祉サービスにつながる可能性がある。障害に該当するかどうかは医療機関などが判断するが、ひきこもり状態が、こうした障害に該当するかどうかは明確ではない。加えて、本人も家族もこれらの障害に該当する可能性を前向きに考えられないことがある。

障害のある幼児・児童・生徒の指導や支援のための特別支援教育が開始されたのは2007年だが、現在40歳以上の人は1990年代までに中学校や高校を卒業している。たとえ発達障害の定義にあてはまる人でも、自身の生きづらさを障害と結びつけて理解している人は、かなり少ないと考えられる。

すでに紹介したように、ひきこもり地域支援センターは精神保健福祉センターに併設されていることが多い。しかし、こころの健康相談に対する抵抗感を考えると、福祉や社会教育などの幅広いアプローチでひきこもりの相談を呼びかける余地もあるといえる。

支援体制の限界〜4家族の疲弊

最後に、家族の疲弊にも触れておきたい。事例3-①では、まず家族が子どものことを「ひきこもり状態ではないか」と考えて、相談を開始していた。しかし、家族が行動を起こすことができない場合も多くなっている。

第一章で触れたように、問題解決に向けて、家族が何らかの相談を始めたものの、本人の反発にあって外部からの支援をあきらめるケースがある。8050問題の場合、両親が高齢化し、介護をきっかけに相談が始まった例が多いことは第二章で紹介したとおりである。近年は一人親世帯も増えるなど、家庭全体の生活の維持に精一杯で、子どもの相談に行くのが難しい親も少なくない。現在の支援体制では、就労支援や居場所型支援に通っているあいだ、ほとんどの場合、家族が本人の生活を支える前提となっている。

事例3－①のように、本人が支援を受け入れて動きだせればよいが、何ら動きがみられないケースも決して少なくない。次の一手がみつからなければ、家族には見守ることしかできない。支援者からは「考えられるだけの支援メニューを提案してみたが、同意は得られないままに、本人も家族も歳《とし》をとっていく」という声が聞かれる。

家族がひきこもる子どもに関心をもち相談窓口を訪れ、長期間のひきこもり状態を支えるという前提が通用しない現実がすでに目の前に現れている。この点については、さらに第四章で考えたい。

いまの制度では避けられない支援の途絶

このように、子ども・若者に対する支援が実施されるようになってからも、就労支援や障害福祉サービスの枠に入ることができないために、結果として十分な支援を受けられなかった人は多いはずだ。前述の40歳以上の人を対象にした家族会の調査（2017）でも、支援の途絶を経験した例が少なくなかった。

佐賀県の地域若者サポートステーションが2009年度の支援サービス利用者423人を対象に調査したところ、約半数が複数の支援機関を利用した経験があった。いったんは支援を受けたが、何らかの理由で途絶えた人が多い。また家庭訪問を受けた人への聞き取りで、支援に不信感をもつ人が6割以上いたという。

たとえば、ひきこもり状態の39歳の人が40歳になれば通常の若者支援の枠から外れるが、当然その人の困難が解消されたわけではない。中高年のひきこもり問題は、単に40歳以上の人の課題ではなく、これまでの子ども・若者支援の課題がもち越された部分も大きい。

ここまでみてきたように、現状の支援体制は必ずしも十分とはいえない。ただ、一つ一つの支援を十分に活用することで、各々《おのおの》のニーズに近づいていける場合もある。縦割りの支援体制のなかで足踏みしていた人たちが、本人に寄り添った柔軟なメニューを提案する「伴走型支援」を受けることで変化していった例を紹介しよう。

事例3−⑤　ひきこもり状態にあるKさんは30代男性
支援者は、Kさんがプロ野球が好きだという情報を手がかりに関係を築き、障害福祉サービスを紹介する。

家族からの情報をもとにアプローチ

Kさんは大学3年時の就職活動の時期に心因性の体調不良になり、自宅でひきこもるようになった。みかねた両親が「せめて治療だけでも」と、いやがるKさんを説得し、病院にだけは行くようになったが、薬を処方してもらうだけで進展はなかった。

両親は「働くことが難しければ、まずはボランティアでも何でもいいから動いてみてはどうか」とKさんに提案したが何の反応もなかった。

支援者は家族から、Kさんが中日ドラゴンズのファンだと聞いていたため、そうした話を盛り込んだ手紙を送ったが返信はなかった。しかし半年後、試合観戦に誘う手紙を再度送ってみたところ、Kさんは同意した。球場に到着すると、試合をよそにKさんが語りはじめた。

「本当は自分も働きたいが、自分にとってはアルバイトでさえもハードルが高い。親に『どうするの』と言われるたびに答えに困ってしまった」

支援者は障害福祉サービスの利用を提案した。就労系の日中活動サービスを利用すればいくらかお金をもらえることや、障害者手帳を取得すれば交通費が無料になることなどに惹《ひ》かれたようで、「そんな制度があるなんてまったく知りませんでした。早速動いてみたいと思います」とKさんは応じた。次の日には早速、地域自治体の福祉課へ出向きサービスの利用申請をおこなった。医師にも手帳の取得を願いでたところ、診断書を書いてもらえることになった。

情報や選択肢を提供する必要性

この支援例では、数年にわたって医療機関に通い続けたものの、働くことを望む両親と、内心で就労に不安を抱えているKさんのあいだで関係が悪化するままに年月が経過していた。一般的な求職活動をする前に、障害福祉サービスを利用することをKさんや家族が知るすべがなかったのである。障害福祉サービスの利用には医療機関での受診が必要であり、Kさんはその条件を備えていると思われたものの、医療機関から制度に関する積極的な説明はなかった。外からみれば、この支援例は「支援者や両親が提案した就労支援に、本人が同意しなかった」と判断されるだろう。だが、「同意」かどうかを考える前に、十分な情報や選択肢がKさんに伝えられていたかどうかが問われる。

伴走型支援は、生活困窮者の支援で提唱される理念であり、特定の領域に固執せず多様な制度の知識をもちながら、支援対象者のニーズに合わせた提案をおこなっていく手法と

図表3-1　包括的な情報収集と支援メニュー

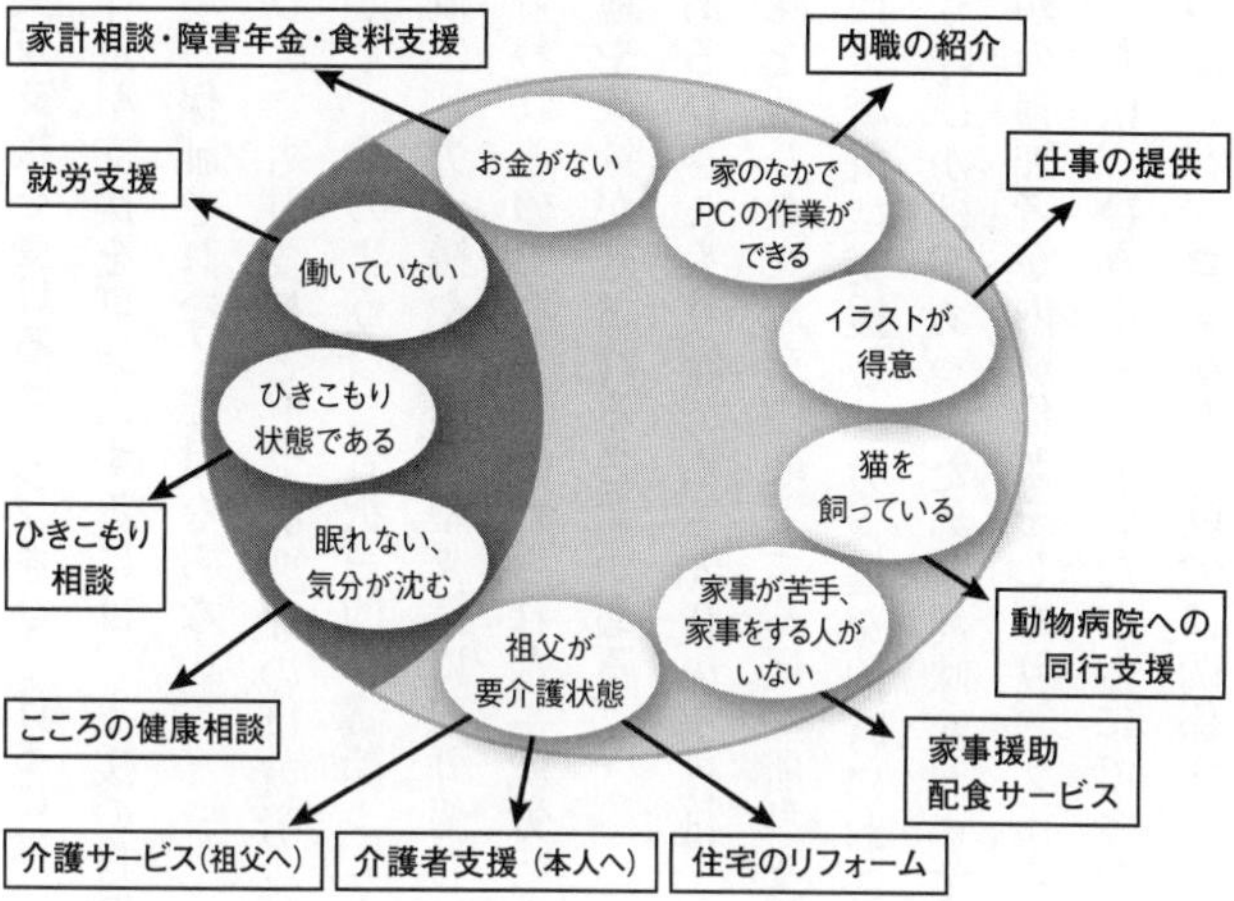

いえる。

ひきこもり状態にある人のニーズを探るには、たとえば趣味や得意なこと、または好きな食べ物といった、一見就労支援やひきこもり支援とは無関係と思える領域まで情報収集をおこなうことがある。伴走型支援では、さまざまな角度から本人や家族との接点を探るような、きめ細かいアセスメント（情報収集と支援方針の策定）が欠かせない。図表3－1には、包括的な情報収集と支援メニューを示した。円のなかの濃い部分は従来のひきこもり支援で提供されやすいメニュー、薄い部分にはより幅広いニーズにあったメニューを示している。

本人が支援を受けるチャンスをひろげるには

伴走型支援を可能にするには、支援の目標を狭めず、支援者が柔軟に動くことができる環境が保証されなくてはならない。

ひきこもり支援として必要なのは就労支援か居場所型支援かが議論されることがある。しかし、そのような二者択一的な議論よりも、重要なポイントがあるのではないか。仮に就労支援や居場所型支援に取り組むにしても、支援者がそれぞれの狭い活動内容にとらわれるのでなく、決められた「就労」や「居場所」以外のニーズにも柔軟に取り組む余地や裁量が許される必要がある。

あるひきこもり歴のある20代の男性は、仕事をしなくてはいけないという思いが強く、趣味を通じた交流を中心とする居場所型支援への参加には気恥ずかしさを感じていた。そこに居場所型支援と就労支援を同時におこなうNPOの支援者から、「仕事があるよ」という呼びかけがあったため、興味がわいてNPOの活動拠点に出向けたという。そこで、ほかの参加者が内職作業をしたり、ゲームをしたりと多様なプログラムに取り組むのをみるうちに、ひきこもっていたときにできなかったサッカーなどにしばらく熱中することになった。パソコンなどの就労に関係する活動に取り組んだのはそのあとである。

このように1人の個人がもつ多様なニーズを、支援の枠に合わせて分断せず、その人に合わせた柔軟な対応をすることで、支援を受けられるチャンスはひろがるのではないだろうか。

従来の枠を超えた支援の試み～1就労支援

きめ細かいアセスメントを実施し、個人に合わせたオリジナルの支援メニューが工夫されることがある。筆者が取りまとめを担当した家族会の調査(2018)を通じて、全国の生活困窮者に対する支援の試みを訪問調査した。そこでは、従来の若者支援やひきこもり支援の枠組みでは十分に取り組まれてこなかった支援を確認することができた。

従来の就労支援では、一定の訓練を受け、十分な能力を身につけてから求職活動に入る流れが想定されやすい。一定の期間内に就労実績に結びつくことが重視される場合も多い。

それに対し、本人が家族以外の人に接したり、自分の長所について気づいたりするきっかけになるように就労支援が実施されている例がある。

【1】兵庫県芦屋市の例

兵庫県芦屋市の社会福祉協議会では、商店街で買い物のついでに立ち寄れるような「いこいの場」を運営しており、主婦たちが自主的に参加しながら活動を活性化している。その活動に広報用の印刷物をパソコンで作成するなどの方法で関わっているのが、ひきこもり歴のある若者たちである。

こうした活動に参加すると、少額ではあるが報酬を受け取ることができる。若者たちからすれば、「ひきこもり経験者」として支援を受けているというよりも、手伝いをして感謝され、少しだけ「得」をするという感覚で参加ができる。ひきこもり歴のある人を「受け身で訓練を受ける人」として迎えるのではなく、地域を支える力になってほしいと呼びかけて参加を求める試みといえる。

【2】大阪府豊中市の例

大阪府豊中市の社会福祉協議会では、「豊中びーのびーの」という多彩なメニューを用意した居場所型支援に取り組んでいる。ある女性は仕事をするよう言われるのではないかと支援に抵抗を示したが、イラストが得意だと知った職員から「『描いてくれないか』

と誘われたときは正直うれしかった」と話した。その後、女性は社会福祉協議会が発行する漫画のイラストなどを手がけるようになった。支援者は、支援の提案ではなく「才能や能力をもつ人をスカウトに行く」つもりで対象者の家を訪れているという。

【3】北海道岩見沢市の例

就労支援のなかで、「やりたいこと」や「向いていること」を一緒に探すような試みもある。北海道岩見沢市では、就労準備支援事業を受託したNPOが、毛糸などで編んだ「あみぐるみ」を制作して販売する活動をおこなっている。

ひきこもり状態の人に、「いまの生活を変えて働いてみてはどうか」と提案するのは、本人の生活を一変させるような要求になりうる。場合によっては、現状を否定されているように聞こえるだろう。いずれにせよ支援の開始は簡単ではない。ひきこもり歴のある人を、一方的に支援を受ける側に位置づけるのではなく、その人の力を貸してもらい、「役立ち感」を抱いてもらうような呼びかけも考えられるとよい。

また、現在の生活を大きく変える必要がなく、逆に少しだけ「得」になるような仕組みも見逃せない。ひきこもり歴のある人は、勇気を振り絞って就労支援などに参加しても、訓練についていけないかもしれないなどの不安を抱くことがある。結局、失敗して傷つくだけで何も得られずに終わるのではないかと恐れるのも無理はない。そうしたなか、目にみえて「役立ち感」が得られる、または「お得感」のある支援は、可能な限りハードルを低くして支援の入り口に立てるようにする工夫といえる。

従来の枠を超えた支援の試み～2生活支援

事例3－⑤で、野球観戦をきっかけに支援者との対話が可能となったように、狭い意味での若者支援やひきこもり支援にあてはまらないメニューによってつながりが回復することがある。

日本の福祉制度は「申請主義」といわれ、利用する側が制度に関する知識をもち、手続きをしなければ利用できない。滋賀県野洲《やす》市では、市役所の市民生活相談課に自立相談支援窓口を設置し、手続きが必要なさまざまな制度を市民に紹介する役割を果たしている。同市では、「申請主義を採用している以上は、どのような制度があるのかを市民に紹介しなくてはならない」と考え、生活に問題を抱える人たちや公営住宅の家賃滞納者などに積極的に制度の利用を呼びかけている。

野洲市ではひきこもり支援対象者の自宅を積極的に訪問しているが、最初からひきこもり状態の解消が目標とされているわけではない。たとえば、対象者の家に乗っていないと思われるオートバイをみつけた場合に、「廃車の手続きをすれば、余分な税金を払わなくてもいい」などと話し、さりげなく相手に有益な情報を伝える場合もあるという。

生活困窮者自立支援法に基づき、家計相談支援事業を実施している自治体もある。ひきこもり状態の解消を最優先にしなくても、世帯全員の支出過多などを見直し、現在の収入で生活できるように調整していくことも目標になりうる。

少しでも収入を増やし、無駄な支出を見直して、家計を楽にしたいと思う人は多いはずだ。ひきこもり状態であることを理由に支援を呼びかけるよりも、生活に関わる相談に乗ることで「支援者と話をするのもそれほど悪くないな」と実感してもらい、本当に困っていることに話をひろげていくことはできるだろう。

ボランティアグループとの提携による食料支援や、自治体の福祉制度などによる資金貸付のあっせんなど、目の前の生活を支える支援メニューによって、ひきこもる人との信頼関係の第一歩が築けたという報告は各地にある。

関係構築・見守り・介入

前述のとおりひきこもり状態の解消を目指す支援は、本人にとって最もハードルが高い提案となりかねない。家族も、そうした提案をすることで本人が反発したり、余計に家のなかに閉じこもったりという経験を重ねている。

こうして、本人や家族は「そっとしておいてほしい」「いまのままでいい」とあきらめの姿勢に変わっていく。

それに対し、まずは家族だけで問題を抱えないように外部とつながり、さらなる孤立の深刻化を防ぐことを目標に定めることが、より多くの人に支援を届けることにつながるのではないか。

筆者が家族会の調査（2018）を取りまとめた際、「関係構築・見守り・介入」というキーワードで有効な支援の取り組みを探った。

「関係構築」とは、ただちに対象者の状況を変えようとするのはなく、対象者からみて支援者を信頼できる相手とみなすことができる関係を構築することを指す。たとえば対象者の望みに応じて生活上の困りごとを解決することなどもそれにあたる。

「見守り」とは、関係構築によってつながった相手を、介入のチャンスが訪れるまで注視し続けることである。たとえば両親の体調が悪くなり、入院したり介護が必要になったりすれば、本人も不安になる。そこに介護関係者やひきこもりの支援者が「一緒に考えましょう」と寄り添えるとよい。

このような関係構築や見守りを生かし、まずは身近な生活上のニーズを満たすような関わりができると、その後に重要な困りごとの相談に結びつくことがある。それが「介入」である。仕事や家計など、本人や家族の生活にとって重要なことが介入のテーマになる。

多角的な支援のための密接な支援者間連携

多角的な支援には、1つの窓口や機関だけの支援では足りない。多機関連携といわれるように、行政や民間のあいだで情報や支援方針の共有が必要になる。

先に触れた調査では、フォーマル（公式）支援とインフォーマル（非公式）支援というように、行政の仕組みを用いた支援と、NPOやボランティアグループを含めた民間の支援の組み合わせに注目した。

事例3-⑥　ひきこもり状態にあるLさんは50代男性
社会福祉協議会のボランティアグループの会員がペットの治療に同行したことから関係をスタート。

動物病院に同行

Lさんは70代の父親と2人で暮らしている。15年前に会社を退職後、ひきこもり状態が続いている。父親は「なぜ働かないのか」とLさんに強くあたり、大げんかになった。以後、親子のコミュニケーションは断絶したという。

父親は定年を機に社会福祉協議会で開かれていた親たちの集まりに参加するようになった。支援者からの訪問の提案は、Lさんが拒絶したが、父親が持ち帰った親たちの集まりの通信誌を居間で読んでいる姿がみられた。父親が参加して、同じような境遇の親たちと語り合っている場所に、少しだけ興味を寄せている様子がうかがわれた。

その後、父親の話からLさんの現在の関心事が、かわいがっている猫の世話だと分かった。あるときこの猫が病気になり、病院を探すことになった。動物病院に猫を連れていくのに車が必要だが、父親もLさんも車を持っていない。そこで自立相談支援窓口や社会福祉協議会が話し合い、社会福祉協議会のボランティアグループの会員が車で迎えにいくことにした。何度か病院に同行したところ、次第に猫以外の話もするようになった。

Lさんに仕事をしたい気持ちがあることが分かったので、支援員は再度自立相談支援窓口を勧めたが、そこには行きたくないという。自宅から出て訓練を受けることにはまだ抵抗があるようだ。そこで社会福祉協議会が請け負っている内職を提案したところ、自宅で作業するようになった。

支援者としては、今後、もし高齢の父親の体が不自由になることがあれば、Lさんの将来を考え、次の段階の提案ができるようにしたいと考えている。

この事例では、行政が設置する自立相談支援窓口の利用には至っていないが、ボランティアグループの会員がLさんとの接点をつくることに成功した。単に窓口を紹介するのではなく、猫という関心事を通じて本人にアプローチするルートができたことは、今後Lさんに支援を呼びかけていく際にも有用といえるだろう。こうしたアプローチは自立相談支援窓口とボランティアグループによる丁寧な情報交換によって可能になったといえる。

事例3－⑦　ひきこもり状態にあるMさんは50代男性
両親はすでに他界しており、孤立状態にある。NPOは両親の遺産があるうちに福祉サービスにつなげる助言をおこなった。

食料支援をきっかけに

Mさんは親の亡くなった実家で一人暮らしをしている。ひきこもり歴は24年におよび、弟が月に1回Mさんに会いに行っている。弟の呼びかけにMさんが応じることはほとんどなく、毎日Mさんがどのように生活しているかは不明である。ただ、Mさんは「放っておいてくれ」などと言い、だんだんと悲観的な考えを強めていっているようだった。

弟から相談を受けたNPOは、Mさんが独力で生活を続けられるかどうか、支援を受け入れられるかどうかの感触を探るため、NPOと提携しているボランティアグループが提供した食料をもって自宅を訪問した。このときはMさんから拒否され面会はできなかったが、それでも玄関先に食料を届け続けた。あるとき、お礼の手紙が置いてあった。しばらくすると、Mさんから「仕事はないだろうか」といった電話が弟にあり、食料を支援してくれたＮＰＯに相談することを勧めたところ、自ら電話をかけたという。Ｍさんは ＮＰＯのアドバイスにより医療機関を受診。睡眠障害と診断された。また、両親の遺産が１００万円ほどあるのを把握し、そのお金があるあいだに障害福祉サービスの利用につなげることにした。具体的には、Ｍさんの趣味を生かして少人数の仲間と交流ができるような場所を探し、Ｍさんは地域活動支援センターに通うようになった。

この事例では、ＮＰＯの支援者がキーパーソンとなって、生活困窮者の支援制度の一環である食料支援や、地域活動支援センター、医療機関それぞれの関係者と情報を交換し、適切なタイミングで支援メニューを提案できるように努めた。

生活上の困りごとを拾い上げる支援

２つの事例ともに、ひきこもりに関する支援を受けるように誘いかけても本人たちが拒絶している。双方、支援の内容を狭くとらえれば、「支援拒否」として停滞するような事例といえるだろう。しかし、生活上の困りごとを拾い上げるような関わりを続けた結果、ボランティアグループの会員やＮＰＯの支援者と接触ができるようになった。このように家族以外の人に困りごとを話すような信頼関係が築かれるのが先に紹介した支援の取り組みの「関係構築」にあたる。続いて就労など将来につながる支援への働きかけが再度開始されている。双方、狭義の就労支援を受けるには至っていないが、内職や地域活動支援センターへの通所が始まっている。これが「介入」である。

事例3-⑥では、将来父親の体調が悪くなることも予想され、そうしたタイミングで再度、支援の働きかけをおこなうことが見込まれている。このように、次の困りごとなどのニーズが発生するタイミングを見計らい、準備しながら関わりを続けるのが「見守り」である。

「受援力」とは

ひきこもる子をもつ親たちは、しばしば「うちの子には何もできない。取り柄なんてない」と悲観的に語りがちになる。一方、支援する側はひきこもる人の長所を含めて多様な情報を求めている。本章で紹介したような包括的できめ細かいアセスメントをするため、支援を受ける側からの多角的な情報提供が必要になる。

各地の取り組みにおいて紹介したように、野球観戦やイラストの趣味がある、パソコンで文書をつくることができる、猫を世話しているといったことが、支援者には貴重な情報になることがある。しかし、我が子をなかなか肯定的な視線でみられないこともある。同じ問題を抱える人たちの集まりやピアサポートグループなどで、ほかの家族の視点をとおして、我が子の「人となり」を違う目でみつめることも有効だろう。

被災地などを中心に、地域のボランティアや外部からの支援を受け入れる力が話題になることがある。この、支援を受ける力は「受援力」という言葉で表現される。

受援力を高めるには

ただし、孤立した人自身に積極的に「受援力」をつけてもらおうと考えるのは、個人にやや無理を強いる発想かもしれない。それよりも地域や社会で、日常的に「人の助けをうまく借りる」ことを習慣化していくことが大切だろう。

孤立状態にある人が、異口同音につぶやくせりふとして「他人に迷惑をかけたくない」という言葉があるという。どのようにすれば「迷惑をかける」という発想を乗り越えていくことができるだろうか。孤立が深まった人は複合的な課題を抱え、どのようにＳＯＳを発すればよいか分からない状態に陥っている。

それに対し、ささいな日常の困りごとであれば手伝ってもらうことに抵抗がなかった例もある。高齢で孤立している人には、ごみ出しや電球の取り換えなどの「簡単にできないこと」や「億劫《おっくう》になったこと」が外部の支援を受けるきっかけになりうる。重い課題を最初から考えるよりも、「軽い荷物を持ち合う関係」をつくることが糸口になる可能性はある。

「福祉のお世話になりたくない」

「生活保護を受けるくらいなら死ぬ」

こうした言葉とともに、支援を受けることを拒否する人は多い。しかし、支援者が食料支援などによって日常的に会話を続けたところ、意識が変わった例もある。孤立した人は「他人や社会に迷惑をかけて生きていくのか、それとも死ぬのか」といった、あまりにも極端な二者択一の前に立ちすくんでいるようにも思われる。

むしろ現実的に「少しだけ生活を楽にする」「不安を減らす」ための関わりがあれば、多様な生き方から何を選んでいくかを自然に考えていけるようになるのではないか。もちろん、生活保護制度によって最低限度の生活を守ることをはじめ、権利として保障されている制度の利用が重要だ。それと同時に、より小さなステップを支援者や支援される側が提案していくようなやりとりが活発になることを望みたい。これまではそうした小さな選

図表 3-2　マズローの欲求階層

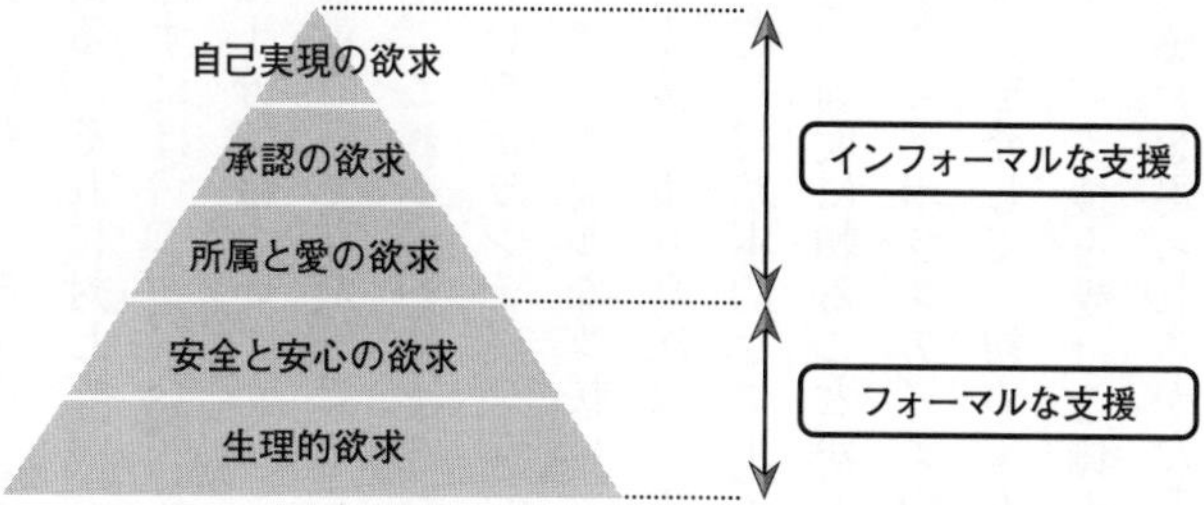

択肢が提案されていなかったために、多くの人が追い詰められてきたからだ。

フォーマルな支援とインフォーマルな支援の組み合わせ

ひきこもり支援という言葉は、解釈によってはその人の生活を一変させるような手法を連想させる。むしろ、ひきこもり状態の解消という目標からいったん離れて、日常の困りごとや生活のなかの要求を拾い上げるような支援が求められているのではないか。そのためには、支援する側と支援を受ける側双方に、小さな選択肢が多様に用意されている必要がある。

アメリカの心理学者のアブラハム・マズローが提唱した有名な「欲求の階層説」（図表3-2）によれば、人間の欲求（ニーズ）は生理的欲求や安全・安心のように基本的なものと、承認や自己実現のように高次なものに分類できる。お金がない、住むところがないなどの基本的ニーズは、制度的支援によって、確実に満たす必要がある。それに対して、人から認められたい、理想を実現したいといった高次のニーズを満たすには、「その人らしさ」を大切にする必要があるため、制度を一律に適用するだけでは十分ではない。

本章でみてきた例でいえば、たとえば大切にしている猫と一緒に過ごしたいというニーズだ。これを満たすような国や自治体の制度はみつかりそうもないが、支援してくれるNPOやボランティアならうまくいけばみつかるかもしれない。このように制度的支援とインフォーマルな支援は、それぞれ適した守備範囲がある。基本的なニーズにはフォーマルな支援、より高次なニーズにはインフォーマルな支援が対応しやすい。

ただし、基本的なニーズを抱えていて、明日食べるものがないというほど追い詰められても、制度に頼ることができない人が多いのも事実である。フォーマルな制度を使った支援よりも、ボランティアの人による食料支援のように、パーソナルな接触やコミュニケーションを介して、初めて人は支援を受け入れられるのかもしれない。

また、支援を受ける側の心理的負担を避けるには、本章で紹介してきた「お得感」「役立ち感」を得られるかたちで支援を受けられるようにする工夫も重要だろう。

人は「支えられる」側に立つばかりでは苦痛を感じがちである。「支える」立場にまわってもらうという視点が求められる。先に紹介した豊中市の社会福祉協議会の支援者のように「支援するのではなく、人材をスカウトする」という発想なども、マズローのいう「承認」や「自己実現」の要求を満たすことにつながる。

支援の取り組みの1つである「関係構築」を促進していくために、基本的なニーズを満たすことを最初から目標にせず、周辺的な、「その人らしい」欲求を満たすことも考えられるとよいだろう。いちばん大きな課題ではなく、小さいものから少しずつ共有し合うような行動が求められているように思われる。そこから始まって、基本的な生活条件の保障や、権利としての制度の活用につなげていくことが大切であることを改めて強調したい。

本章の最後に、伴走型支援によって1人の人に関する情報を多角的に収集し、「ひきこもり支援」にとどまらない支援メニューを積極的に提案した事例を紹介したい。愛知県名古屋市のNPO法人オレンジの会では、2001年からひきこもり支援を開始し、家族相談や居場所型支援、就労支援の拠点を開設してきた。同時に、生活困窮者の自立相談支援窓口をほかの団体と共同で受託して運営している。

以下の支援事例では、オレンジの会の代表理事である山田孝介氏が執筆を担当する。支援者の視点から、ひきこもり支援の現場の様子が詳しく再現されている。同時に、ひきこもり支援という言葉からイメージされる範囲を超えた支援策の提案によって、支援を拒否していると思われた人たちが気持ちや行動を変化させていく様子のドキュメントともなっている。

もちろん、孤立した人の支援に唯一の正解はなく、劇的に状況を変化させられるスーパーマンはいない。しかし、山田氏の活動は、本人や家族が望んでいること、悩んでいることを丁寧にくみ取った提案や、既存の制度を最大限に生かした提案をおこなっていく余地があることを気づかせてくれる。たとえ孤立状態であっても、人としてもっているニーズ（望みや悩み）を表に出し、一緒に解決していくような実践例が豊かに共有されていくことを願っている。

支援事例1　ひきこもり状態にある人は中根康之さん（仮名、40代）

康之さんが料理が得意だという情報を入手し、会員に料理をふるまう集まりに参加を促すなど、外の世界とつながるために康之さんが自信をもてるような環境を整備する支援をおこなった。

ひきこもりのきっかけ

相談者は、ひきこもり状態にある康之さんの父親の中根聡さんと母親の典子さん（仮名、ともに60代）だった。初めて会った2人はほかの相談者たちよりも疲れているようにみえた。現在の生活状況や康之さんの通院歴を書類に記入するときの筆の運びがとても遅く、思わず「大丈夫ですか」と声をかけたことをよく覚えている。

2人とも中学校の教師だったが、相談時の前年に定年を迎えていた。40歳を迎えたひきこもり状態の息子にどう向き合えばいいのか分からなくなり、支援者である私（山田孝介）のもとへ相談に訪れた。

小学生のころから学校を欠席しがちだった康之さんは、高校進学をあきらめ、おじが経営するホテルで調理の見習いとして働くことになった。普段から聡さんが康之さんのことを相談していたこともあり、進学しなかったことを耳にしたおじが声をかけてくれたのだ。

康之さんの社会人生活は仲間にも恵まれ順風満帆にスタートしたが、働きだして5年を過ぎたころから新人の世話を任されるなど、仕事上の負担が増えた。康之さんはそのストレスに耐えきれず退職。以後、自宅でひきこもるようになった。

ひきこもりの状態

ひきこもり当初、知人のアドバイスもあり、中根夫妻は康之さんにプレッシャーを与えることなく、なるべく穏やかに家で過ごせるよう心がけた。朝食と夕食は一緒にとるよう努め、休みの日には日帰りの温泉施設に出かけるなど家族仲は悪くなかったという。康之さんも積極的に家事に関わるなど、共働き夫婦は息子に助けられることになる。

康之さんが1人で外出するのは、もっぱら趣味の漫画本を買いに行くときに限られた。典子さんが渡していたお小遣いは月に2万円だった。どこか人の集まる場所に行ってみるなど、自分の可能性をひろげるためにお金を使ってほしいと考えていたが、康之さんが動きだす兆候はみられなかった。聡さんたちはひきこもり状態にある人たちが集う場所や医療機関へ行くことを何度か勧めてみたものの、いつも渋い顔で拒否された。そのようなことを何度か繰り返すうちに両親は働きかけるのをやめた。

2人が定年を迎えてからしばらくは、いつもと変わらない日々だったが、朝から晩までずっと顔を合わせることに疲れたのか、康之さんは自室に閉じこもりがちになり、食事の時間になっても顔を出さないことがあった。

聡さんたちが働いていたときには手伝っていた家事もまったくしなくなった。それに腹を立てた聡さんが「どういうつもりだ」と康之さんを問い詰めたところ、突然パニックを起こしたように泣きだした。そして自分が困っているときに誰も助けてくれなかったことへの恨みをぶちまけたという。その様子に驚いた聡さんは、以後、康之さんを刺激しないように努めたところ、以前のように世間話ができるまで関係は改善した。

支援のアプローチ

康之さんとの関係悪化を避けるために、不安や悩みを直接本人にぶつけることを控えてもらうことにした。康之さんには聡さんたちが相談の場に顔を出していることを伝えたうえで、家族で一緒に考えようという姿勢をみせ、支援窓口について話をするようアドバイスした。

ひきこもり状態にある人は、当然のことながら外との関係を築くことが困難なので、1人で課題に向き合わせるのではなく、家族みんなで解決しようというスタンスでいることが本人の負担軽減にもつながるからだ。

その後しばらくして、典子さんから連絡があった。

「息子にいくら話しても『自分は人の役に立てないし、また人間関係でいやな思いをしたくないから人には会いたくない』と言って事が進まないんですよ。ホテルで働いていたときに、後輩にうまく指導ができなくて、先輩から嫌味を言われたことがトラウマになっているようです」

この話を聞いた私は、康之さんには自立支援や就労支援ではなく、まずは人の輪のなかに入り自信を取り戻してもらうことが必要だと感じた。そこで家族の支え合いのグループが開催する料理会の手伝いをしてくれないかと、典子さんをとおして尋ねてみた。料理の補助であれば、康之さんのホテルで働いていた経験を生かせると考えたからだ。

典子さんたちは、そのような提案で康之さんが動きだすか半信半疑だったようだが、康之さんは二つ返事で了承した。料理会当日、康之さんは積極的に料理の手伝いをし、こちらの段取りや味付けに助言をくれた。料理の腕前は我々とは段違いで、手際もよく、参加者は大いに喜んだ。片付けが終わるころにはさすがに疲れた様子だったが、家で待つ聡さんたちに「楽しかった」と話したという。

「誰の役にも立たなくて、早く死ねればいいのにとずっと考えていたのですが、料理会であんなにたくさんの人に喜んでもらえて、自分もまだまだ人の役に立てるんだと思えるようになりました」

その後も康之さんは家族のグループの行事に参加し、事あるごとに料理をふるまってくれた。1年後、康之さんは家族会で知り合った人に居酒屋の仕事を紹介してもらい、いまでは一日も休まずに働いている。

康之さんはあるときこう話した。

「じつは、ひきこもっているときに両親には内緒で自治体の若者向け就労相談窓口に行ったことがあるんですよ。ただ、そこでは就労の話ばかりで、何だか自分には遠い話のように聞こえました。料理会のように自信がもてる場があって本当によかったです」

支援者の視点から

このケースのように就労支援などの既存の支援を受けることに否定的な人も、自分の能力が発揮でき、役立ち感を味わえるような誘いには応じられることがある。自立や就労を後押しする支援は大切だが、ただちにそこに至らない人も多くいる。そういった人たちがまず外の世界とつながるために自信をもてるような環境を整えることは、ひきこもり支援にとって大切な視点だ。そのためには既存の支援メニューを本人が受け入れるまで待ち続けるだけでなく、趣味を含めた経歴などの情報を収集し、タイミングに配慮して積極的に支援を提案していく必要がある。

支援事例 2　ひきこもり状態にある人は徳永道子さん（仮名、50代）
道子さんを支えていた両親が相次いで急死。姉の慶子さん（仮名）が道子さんの生活を見守るようになった。医療機関に行くことを拒否する道子さんに、支援者は経済面の不安を軽減するための情報を提供した。

ひきこもりのきっかけ

道子さんは高校卒業後、語学留学の夢をかなえてフランスに渡り、帰国後地元の商社に就職した。明るい性格で、複数の同僚男性から交際を申し込まれるほどの人気者であった。将来は得意の語学を生かして海外で活躍したいという希望をもっていた。

しかし30歳を迎えるころ、悲劇に見舞われる。交通事故だ。仕事からの帰り道、雨でハンドル操作を誤ったバイクがスリップして歩道にいた道子さんに激突。命に別状はなかったものの、股関節に重度の後遺症が残り、つえなしに歩くのが難しくなった。道子さんが事故にあったのは2000年ごろのことで、公共の場はいまほどバリアフリーの環境が整っていなかったため、後遺症を抱えての生活は大きな負担となった。そのようなか道子さんは周囲のサポートを得ながら生活に戻ろうとしたが、気圧が変化するだけでも痛むような状態であったので、リハビリに専念するために退職した。

リハビリは1年にもおよんだが、家族の懸命な支えもあり、多くのことを1人でできるまでに回復した。勤めていたときに知り合った婚約者のサポートも大きかった。こうして少しずつ自信を取り戻し、社会に戻ろうと就職活動を始めた道子さんは、ほどなく地元の不動産会社に経理職として採用された。

しかし、そんな道子さんにまた不運が訪れる。婚約者の両親から事故の後遺症を理由に結婚を拒否されたのだ。このことにショックを受け、何も手がつかなくなり寝込んでしまった。上司が見舞いに来ても道子さんは会おうとせず、のちに退職あつかいとなり、自宅にひきこもるようになった。

ひきこもりの状態

道子さんは以前とはまったくの別人のようになってしまった。快活な性格からうって変わって口数が少なくなり、顔色もすぐれず、食も細くなった。周囲は病院に行くことを勧めたが、「元気になってもしたいことがない」と言って、受診することはなかった。

道子さんの生活サイクルは昼夜が逆転し、次第に家族と顔を合わせることも少なくなった。母親が用意する食事には手をつけず、冷蔵庫にある食材で簡単なものをつくってすませているようだった。

気晴らしにどこかへ出かけたらいいと考えた両親が、何度か道子さんにお小遣いを渡したが、朝になるとテーブルの上に戻されていた。

両親が道子さんを見守り続けて10年あまりたったころ、地元の鉄道会社の広報として働いていた父親は、定年を迎えた翌年に心筋梗塞で急死。その数年後、母親も脳梗塞で帰らぬ人となった。それからは結婚して実家を出た姉の慶子さんが両親の財産を管理し、道子さんは毎月送られてくる5万円の生活費でやりくりするようになった。決して十分な金額ではないが、今後続く道子さんの生活を考えると精一杯の額である。慶子さんの夫も精神疾患をきっかけに転職し、収入が減ったこともあり、いつまで仕送りが続けられるか分からないと慶子さんは話した。

このことは道子さんも理解しているようで「もうだめかもしれない」「いっそ死んでしまいたい」と力のない声で電話をかけてくることもあった。そのたびに慶子さんは道子さんに支援機関に頼ることを提案するが、決して首を縦に振らなかった。

支援のアプローチ

慶子さんの話から何らかの精神疾患が疑われたため、私は様子を確認したいと思い、慶子さんとともに道子さんを訪ねたが、彼女が部屋から出てくることはなかった。慶子さんが道子さんの自室の扉越しに受診を熱心に勧めたが、「通院しても仕事ができる状態には戻らない」と受け入れなかった。

「自分の精神状態が不安定なので、本人も受診の必要を内心感じているようですが、薬を飲むことに抵抗があり、さらにはもう手遅れではないかと将来を悲観し、受診を拒否しています。親が勧めてくれたときに通院しておけばよかったと言っていました」

慶子さんはこのように話した。しかし、受診は治療のためだけではなく、さまざまなサービスを受けることにもつながる。

道子さんは金銭面での不安を強く抱いていることから、診断次第で障害年金を取得できる可能性があることを慶子さんから伝えてもらった。

すると、思いがけず次の日の午後、「妹が会いたいと言っている」と慶子さんから連絡があり、2人で道子さん宅に出向いた。家のドアを開けると玄関から先はごみや雑誌が散乱しており、すえたにおいが漂っていた。かろうじて整っているのは台所や日常的に動き回るところだけで、それ以外の場所は物があふれていた。

慶子さんが道子さんを呼びに行くと「まだ準備ができていないから待っていて」と返答があった。家で話をするのは難しいと判断し、「事務所で話をしよう」と打診したところ道子さんは了解してくれた。

その日、道子さんはかなり色あせた服を着ていたことをよく覚えている。慶子さんから聞いた話では、昔から道子さんが気に入っていた洋服ということだった。

道子さんはいままでコミュニケーションを拒否していたのがうそのように一気に話しはじめた。ほとんどが過去の恨みつらみだった。具体的には自分が困っているときに誰もサポートしてくれなかったことや、交通事故にあったあと会社の人たちが冷たかったことなどだった。話の内容には事実と異なるところがあったり、ときどき誰かに盗聴されていると訴えたりと、混乱している様子がみられた。

道子さんの話をひととおり聞いたところで、今後の生活について話をしてみることにした。以前はそうした話が慶子さんから少しでも出れば拒絶していたが、この日は黙って話を聞いてくれた。道子さんに役立つと思われる医療や年金に関する情報を整理して説明すると、彼女は「任せます」とひとこと言った。

医療機関の初診時は慶子さんと私が道子さんに同行し、受診にたどり着くまでの経緯と、現在の生活状況などを説明した。本人に服薬への拒否感情があったため、この日は医師に話を聞いてもらって終わりにした。2回目以降は慶子さんが受診に同行した。自分のペースを尊重してくれる主治医を信頼しはじめたのか、道子さんは少しずつ話をするようになり、誰かが近くにいるような感覚がずっとあることを打ち明けた。

初診から1年後には服薬も始まった。そのことで道子さんの症状はある程度改善されたが、20年あまり社会から離れていたこともあり、治療には時間が必要だと判断され、半年後に障害年金の受給へとつながった。

障害年金を定期的に受け取れることになり、道子さんの生活への不安はかなり軽減された。ごみ屋敷となった家を整理し、もう少しコンパクトな家へ引っ越すことになった。いまは一人暮らしを始めたあと、日中通所できる福祉サービスの利用を検討している。

年金の支給決定が下りた日、あいさつに来た慶子さんが次のように話してくれた。

「妹が自発的に動きだすことを両親はずっと願ったまま亡くなりました。そのとき無理にでも外に引っ張りだせばよかったとは思いませんが、両親がもう少し障害年金のことなどを知っていたらと悔やまれます。今回こんなふうにいろいろと事が進んでいるところをみていると、当時、情報や知識があれば、妹や私にはいまと違った人生があったかもしれないと感じます。家族で相談したことはあったのですが、当時は両親が道子の面倒をどうみるかという話が多かったように思います」

支援者の視点から

本ケースは親が亡くなったあと、きょうだいが本人を支えることになった事例である。親は「周りの人に迷惑をかけたくない」と自分たちだけで抱え込み、早期に解決するタイミングを逃すことがある。

この事例では本人のいまの生活を支えるような支援によって不安を軽減し、それによって将来に向けた生活の見通しを取り戻してもらっている。支援者は福祉制度など幅広いメニューを知っておき、相手に合わせて提案する必要がある。

第四章　限界家族をどう救うか

他人に迷惑をかけたくない

練馬区で起きた事件で、息子を殺害したとされる父親は警視庁の調べに対し、「周囲に迷惑をかけたくないと思った」と述べたと報じられている。

これまでみてきたように、ひきこもり問題を抱える家族が家の外にSOSを出せないケースは多い。たとえば過酷な家庭内暴力やその背景にある親子間、きょうだい間の関係の悪化、あるいは食べる物にも困るような生活の困窮——。生死を左右するほどの病気を抱えていても声を出すことは難しい。ぎりぎりまでがまんを重ね、最後まで家族だけで耐え、解決を図ろうとする。その結果、ときに「共倒れ」に至る。

過疎化が進み、65歳以上の人が50％を超える集落は「限界集落」と呼ばれる。社会のなかには共倒れ寸前の「限界家族」が隠れているのではないか。

家族はいつからこれほどまでに孤立したのだろう。それでも、最後まで家族を頼るしかないのはなぜなのだろうか。

縮小し、脆弱化する家族

第二章で解説したように、平成の時代を通じて家族の規模は縮小し、いまや主流の世帯は単独世帯となった（2015年国勢調査で34・6％）。長い老後を1人で過ごす高齢者も増えている。65歳以上で子どもと同居している人は1990年の59・7％から2015年の39・0％に減少した。別居する場合、子どもと隣近所に住む、同じ県内に住むなど、子どもとの関係も多様化している。

長生きになったことで、親が先に逝くとも限らなくなった。また1970年代以降は子どもの数が1組の夫婦あたりおよそ2人と、親が頼れる子どもの数も少なくなった。

子どもと同居しない理由として「子ども世代とは生活習慣が異なる」「人間関係に気を遣う」「子どもに迷惑をかけたくない」などが挙がる。

未婚化が進み、40代や50代の子どもが親と同居する割合は高まったが、そのような場合はむしろ親が子どもを支えている例も多いと推測できる。老後よりも「子どもの将来がどうなるだろうかと、そちらの心配が先」という親も少なくない。親世代に比べて子ども世代が経済的に脆弱であることも前述のとおりである。

経済面をみてみよう。世帯給与月収（実質値）は1985年に49・1万円、1997年の56・1万円をピークにして、2017年には49・2万円に減っている。家計貯蓄率は1985年の16・2％から2016年の2・2％へと大幅に減少した。

高まる家族への期待

外側からみれば家族の力が弱まったようにみえる。しかし人々の価値観という意味では、同じ平成の時代を通じて、いっそう家族が重視されるように変化してきた面がある。

統計数理研究所が実施している「日本人の国民性調査」という調査がある。1953年から5年ごとに日本人のものの見方や考え方の変化を調べている。それによれば、「あなたにとって一番大切なもの」は何かという質問に対し、「家族」と答える人は、それまで1位だった「生命・健康・自分」などを抑えて1983年から1位となった。その後も増え続けて1993年からは40%を超えている。

このように「家族が大切だ」と思う傾向が強まる背景として、何が考えられるだろうか。今日、未婚かつ単身で暮らす人が増えるなど「家族」の経験は誰にでも同じように与えられるものではなく、貴重さを伴うものになりつつあるともいえる。

しかし、困りごとの相談など、いざというときに頼れる相手として、依然として家族を想定する人は多い。たとえば子育て中の夫婦が手助けを求められる相手は、自分の親、配偶者の親が圧倒的に多い。そのため、何らかの理由で家族を頼れない人は一気に孤立しかねない。

社会のなかで家族はますます重視されつつも、どのように家族と生きるかは個人の選択にゆだねられている。行動力や経済力によって家族形成や家族関係も左右され、誰でも当たり前のように家族を頼れるわけではない。

子ども重視の家族主義

家族重視の傾向が高まるなかで、特に重視されているのが子どもの存在だろう。

博報堂生活総合研究所は、家族に関するアンケート調査を１９８８年から10年ごとにほぼ同じ内容で実施しており、約30年にわたる平成時代の家族の変化を知るうえで参考になる。１９８８年と２０１８年の調査結果を比べると、「家族関係の中心は子どもである」という意見に賛成する人は夫が60・２％から77・０％へ、妻が56・０％から74・３％に増えている。一方、「夫婦が中心」という意見は、夫が27・３％から16・８％に、妻が31・８％から19・５％に減った。

実際に、子どもに惜しみなく愛情を注ごうとする姿勢も強まっている。「子どもはできるだけ早く親の手から離すほうがよい」という意見に賛成する夫は68・５％から60・６％に、妻は64・８％から43・３％に減少した（図表４－１）。

図表 4-1　「子どもはできるだけ早く親の手から離すほうがよい」と答えた割合

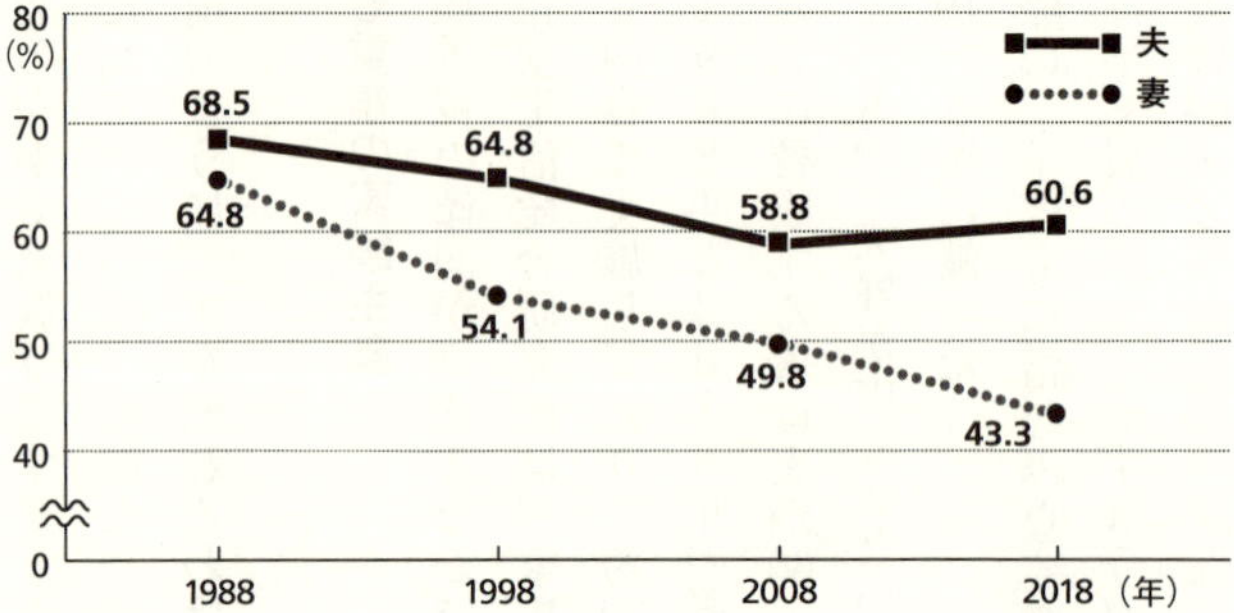

博報堂生活総合研究所『生活者の平成 30 年史』より作成

また、「親の生活費よりも子どもの教育費にお金をかけるほうがよい」という意見も夫、妻ともに増加した。貯蓄をする理由として、自分の老後のためよりも子どもの教育費を理由に挙げる人も増えている。

1つの例として、大学への進学率は、平成の時代に急激に上昇した。同時に、奨学金を利用して進学する学生も増加して全体の半分に達しようとしている。親元を離れて一人暮らしをする大学生への親からの仕送り額が減少しているように、必ずしも余裕のない生活のなかで高学歴を求める親子の姿が浮かび上がる。

長期化する親子関係

家族の基盤が弱まるなか、長寿化によって「親

図表 4-2 「成人子ども」の平均年齢

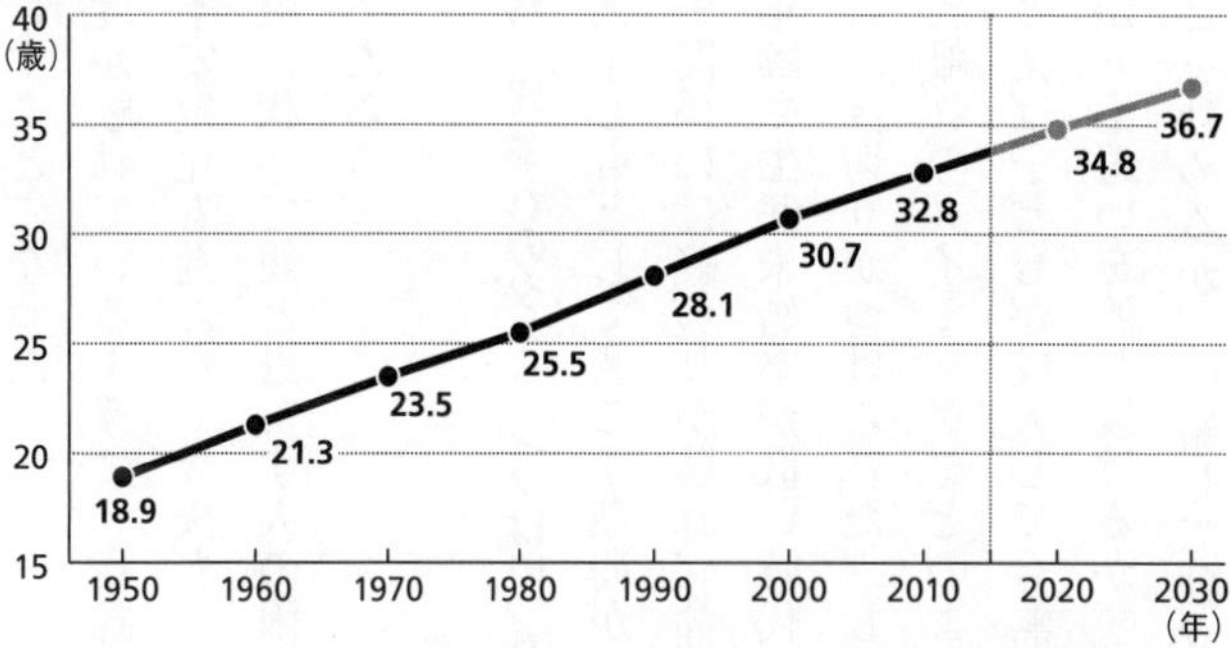

博報堂生活総合研究所「生活動力」より作成。2015 年以降は推計

子」として過ごす期間はむしろ長期化している。博報堂生活総合研究所では、「成人し、かつ親が存命」である人を「成人子ども」と定義し、そうした人々が人口に占める割合を推計している。その結果、「成人子ども」は1950年に総人口の29・0%であったのが、2000年には約半数まで増加した。

また、「成人子ども」の平均年齢（図表4-2）は、1990年に28・1歳だったのが、2010年には32・8歳となった。今後、2030年には36・7歳になると推計されている。

生まれてから親をみとるまでの「親子共存年数」も長期化している。同研究所の推計では2000年におよそ60年に達しているという。つまり多くの大人は、人生の3分の2以上を「子ども」として過ごすことになった。

何度か触れているように、高齢化や未婚化は今後も止まることがない。非正規化など仕事の不安定化も進んだ。今後も「成人子ども」の平均年齢が上がり続けるとすれば、未婚や無職の状態で親と過ごす人の困難は、一過性の問題ではなく、人口構造がもたらす必然となるだろう。

子離れ・親離れのタイミングはいつなのか

成人子どもとして過ごす期間が短かかった時代は、親が天寿をまっとうすることで自然に親子関係には終わりが訪れ、長期にわたり同居や介護を続けることは少なかった。また、初婚年齢や生涯未婚率が低い時代には、子どもが結婚して家を離れることで独立し、親子関係に一区切りがつけられた。しかし、子どもが成人後も親子関係が長く続く現在、子離れ・親離れのタイミングをどのように迎えるかは難しい選択になる。

たとえば子どもが成人しても無職で同居している場合、国民年金の保険料を親が払い続けるか、小遣いを渡し続けるか。また、働いている子どもが仕事を失ったとき、実家に戻ることを勧めるか。結婚して独立した子どもが離婚した場合はどうか。「我が子だから」

という理由で身の回りの世話を焼くか、家賃や生活費は親が負担するか。一体、親は子どものために何をどこまでするべきなのか――。

親が手を差しのべなければ、我が子はますます元気を失うかもしれないが、やりすぎることで本人から反発を受けたり、本人の自立性を奪ったりするかもしれない。これは家庭によって考え方や価値観も違うので、正解がある問題ではない。しかし、人間には寿命がある以上、永遠に支え合うことはできない。どこかで子離れ・親離れをするタイミングを探ることが必要なのではないだろうか。

親子の関わり方について、従来であれば子どもの就職や結婚などをきっかけに適当な距離感をつかめたかもしれないが、就職難や未婚化によって若者が自立するタイミングはみつけにくくなった。さらに長寿化によって、親が物理的に子どもの面倒をみられる期間が長引いている。

かつては自然の流れにまかせることができた親子関係も、社会の変化によって親子双方で関わりの度合いを改めて考えなくてはならなくなったのである。そして我が子が何らかのつまずきに直面したときには、これまでにない長期の親子関係をどのように乗り切っていくか、親たちは未知の課題を抱えることになる。

ることが多い。

隠れた貧困

無職やひきこもりの状態の子どもと暮らしている場合、生活費などは親が面倒をみていることが多い。

ホームレスの人を支援し、貧困問題の解決を目指すNPO法人ビッグイシュー基金が2014年に1767人を対象におこなった調査では、20代・30代で未婚、年収200万円未満の若者のうち77・4%が親元で暮らしている。親元で同居する若者の無職率は42・7%と高い。同じ年代・同じ年収で、親と別居する未婚の若者は26・8%だ。

比較対象として国勢調査（2010）から同年代の未婚の若者全体についてみれば、無職率は14・3%となり、差は明らかだ。同居の理由は住居費を自分で負担できないことが53・7%と多い。かつて「パラサイト・シングル」と呼ばれたような裕福な未婚者ではなく、非正規雇用などによって経済的に脆弱な層が同居を増加させている。

親同居者では「不登校やひきこもりを経験した」割合が24・3%（別居者16・3%）、「いじめ」36・8%（同25・3%）、「うつ病などの精神的問題」は28・5%（同24・3%）など、学校生活などで困難を経験した割合が高い。

家族会の調査（2015）では、子どもにかかる費用が生活費、小遣い、年金の順に多く、月額で平均約5万8000円にのぼっていた。それでも、余裕があるうちは子どものための負担をいとわない親のほうが多数派であるようだ。

2001年から2003年にかけて、家族社会学者のグループが東京都府中市と長野県松本市の2都市で実施した「若者と親のライフスタイルに関する調査」では、同居している50代の親と20代の子どもについて、「同居に満足している」と答えた割合は、親のほうで高いことが分かった。

反対に「別居したいができない」という意見の割合は、子どものほうで高い。むしろ子どものほうが同居にまつわるさまざまなストレスを抱えているようだ。

同調査からは男女差も読み取れる。親子で買い物に出かけるなど「一緒に何かをする」行動は、男性の子どもの場合、本人が高収入であるなど経済的に豊かであればおこないやすいが、そうでない場合にはおこないにくい。「外で働いてお金を稼ぐ」役割が期待される男性は、それが果たせない場合、同居している家族のなかで肩身が狭くなる。

また、働いていない男性は家事などへの参加時間が短くなる傾向がある。男性は女性の役割とみなされやすい行動から距離をとることで、男性らしさを保ちたいのではないかと推測されている。

一方、女性は子ども側が経済的に豊かでない場合、また親側が豊かである場合に、親子で共に行動することが多くなり、子どもが「助けられる」役割を受け入れやすいとも推測される。家庭で生活することに対する評価も男性に比べて寛容になりやすく、その分だけ無職やひきこもり状態の女性が抱える生きづらさは表面に現れづらい。さらに介護などは女性に家族のケアが求められることが多く、離職により社会と関わりがもちづらくなるなど、一見円満と思われる親子の同居生活に潜んでいる課題にも注意する必要があるだろう。

子どもに迷惑をかけたくないが世話は焼く

本章の冒頭で述べたように、老後に子どもの世話になろうと思っている親が少ないことは、この家族社会学者による調査結果からも読み取れる。子ども世代とは生活習慣も違うため、必ずしも同居を望んでいない。だが、親たちが、むしろ子どもを支えられるのであれば支えたいと思っている様子も伝わってくる。親たちの思いに耳を傾けてみよう。

「これから先老後のことを考えると不安はあるけれど一応長男夫婦がみてもいいと言ってくれているのでその言葉を信じています。が自分たちでやれるだけのことはやってな

るべく迷惑をかけないようにと思っています」（長野県松本市・57歳、女性）

「私自身1人、息子をもっていますが、どんなときでも子は子、親は親として思うところがあると思いますので、一人息子にはできるだけ精神的負担、経済的負担はかけまいと心がけております。老父母親の介護をして、寂しいのはみんな同じと思いました。子どものために親が犠牲になっても、子どもを犠牲にしてはいけないと思っています」（東京都府中市・52歳、女性）

府中市の女性による「親が犠牲になっても、子どもを犠牲にしてはいけない」という声は、多くの親たちの心情を物語っているように思われる。「親は親、子どもは子ども」という新しいライフスタイルへと親たちは変化しながらも、相手にできることはしてあげたいと思う気持ちは色濃く残っている。

しかし、これまでよりも家族が脆弱化していくなかで、「何か」が起こったときには深い孤立や生活困窮に陥る。家族の現実と意識の谷間に落ち込む人たちが生みだされているように思われるのである。

なぜ家族は閉ざされるのか

前述のように、人生のなかで家族をもつことは、選択する行動や経済力によって、誰にでもできるわけではない貴重な経験に変わってきた。その一方で、「家族であれば当然」という意識を色濃く残しているのが、親が子に与える愛情という領域なのかもしれない。

7040世帯や8050世帯の「親」側の世代は、日本社会が右肩上がりの成長を経験した昭和の時代を生きてきた。一方、平成の時代を生きた「子ども」側の世代は、前の世代のように就労や結婚による自立をスムーズに経験することができなかった。そのことが、「親が子の世話をし、愛情を与える」行動を促し続けていると筆者は考える。

年老いた親たちは我が子が課題を抱えたときに「自分が負わなくてはならない」と責任感を抱く。また、外に出せない「家の問題」だと感じる。

さきほど紹介した博報堂生活総合研究所の調査によると、「家庭内の問題を他人に話すのは恥ずかしい」と感じている人は、女性よりも男性に多い。また30代以下の49・5％に比べて40代の58・9％、50代以上の70・2％というように男性でも高齢になるほど多くなっている。女性の場合、30代以下の36・0％に対して50代以上は43・7％である（図表4-3）。

この調査項目は過去の調べがないため比較ができないが、高齢の人ほど家族以外の人の

図表 4-3 「家庭内の問題を他人に話すのは恥ずかしい」と答えた割合

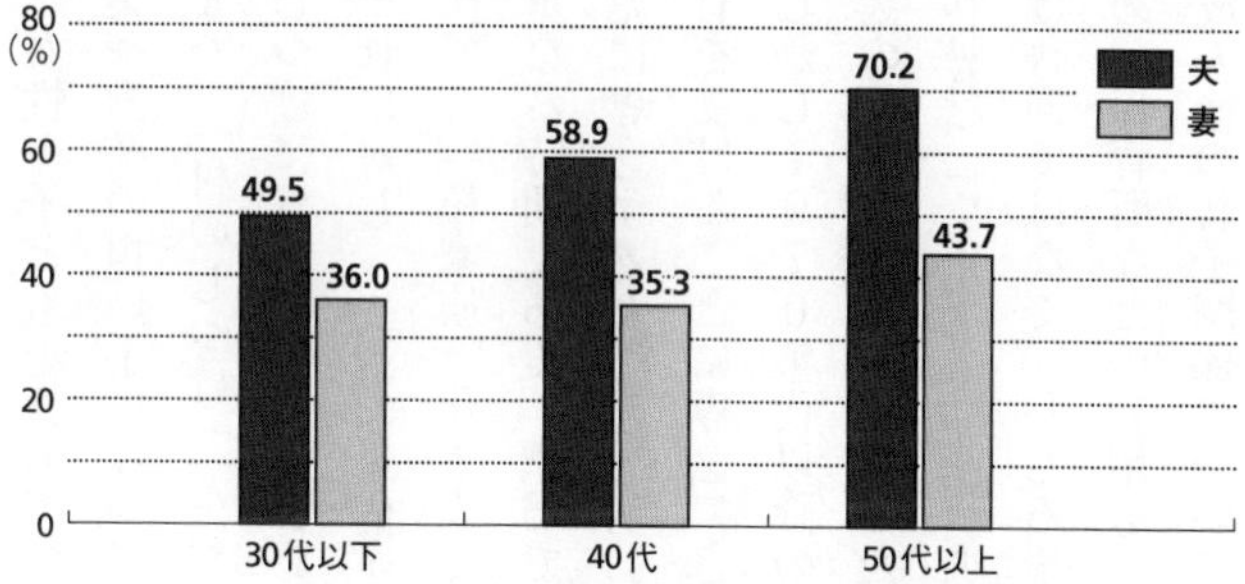

博報堂生活総合研究所「家族30年変化」(2018)より作成

手を借りることに抵抗があるとも考えられる。また、女性は子育ての責任を負いやすく、母親は子どもに関する悩みを外に出しにくいとも指摘される。

だが、じつは家族は初めから「他人に迷惑をかけられない」というように、周りから切り離された存在ではなかったのではないか。

いつごろから子どもの問題は家族のなかに閉ざされていったのか。以下では、昭和以来の家族が経験した変化を振り返ってみよう。

子育てに専念する社会の始まり

家族社会学や教育社会学の研究成果を参考にして大まかに整理すると、高度成長期(1955年から1973年ごろ)を迎える前の農業や漁業を営む社会では、家族は図表4-4の①のように地域共同体と切り離されず、女性や子どもを含めて地域ぐるみの生産活動に従事していた。年長の子どもはすでに農業や漁業の担い手になっていたのである。

また、「村のしつけ」というように共同体のしきたりが優先され、家族が子どもの教育やしつけに責任を負う度合いは比較的小さかった。

それに対し、生活の単位が「両親と子ども」へと変わったのが②の時代の家族である。現代でも「核家族」化とよくいわれるが、実際に核家族世帯が増えたのは高度経済成長期に重なる時期である。職場で労働する男性と、「専業主婦」といわれるように家庭で家事・育児に専念する女性とのあいだで役割の区別が明確化した。子どもは労働から解放され、教育を受けることに専念できるようになった。

しかし1970年代以降の低成長期になると、こうした家族の姿は早くも限界を迎える。賃金の伸びが緩やかになるため、母親も働く共働きが増える。さらに平成の時代（1990年代以降）になると非正規雇用者が増え、離婚も増える。父親の収入だけで生活できる家族は普通ではなく、むしろ羨望《せんぼう》の対象になったといえるかもしれない。母親が働きだしたため、保育所などの利用も一般化してきた。

成人後の親子関係についてはどうだろうか。かつては高齢の親と同居して扶養するのは

図 4-4

①地域共同体のなかでの家族　②両親と子どもだけで構成される家族

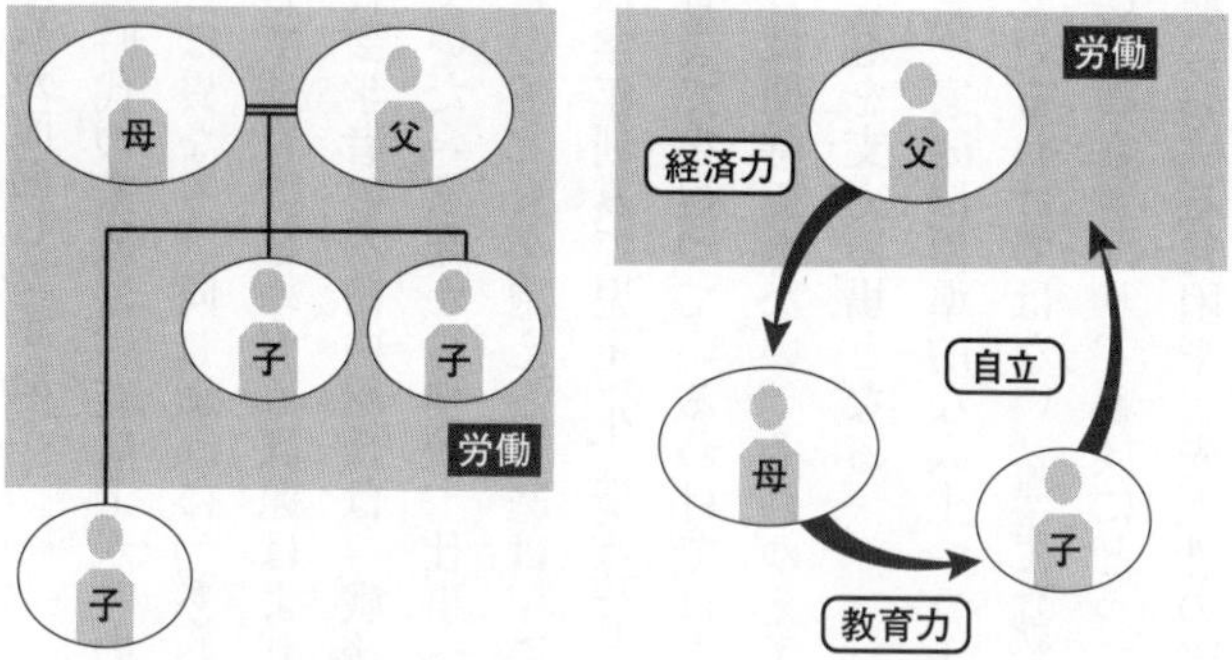

子どもの役目とされていたが、現代では別居する親子が増加したことはすでにみたとおりである。年金制度の発展も影響して、年老いた親を子どもが世話すべきだという規範は緩やかになりつつある。

一方、子どもが成人しても、親が面倒をみるという慣習はいまだに残っている。同じ東アジアの国々でも、老親と子ども相互に助け合う規範が強い国（韓国）や、子どもが老親を支える規範が強い国や地域（中国や台湾）がある。日本は、老親が子どもを支える規範が強い国に分類される。子どもを支え続ける親の心理には、こうした文化的な背景や歴史的な経緯も影響している。日本型の親子関係が現在直面している課題を改めてみていこう。

平成の家族が直面した矛盾

平成の時代の家族は、右肩上がりの経済成長や、終身雇用、専業主婦に支えられた昭和の家族とは異なる。同じように「家族」として存在していても、中身は以前より脆弱になった。そして子育てをめぐる課題はより深刻になったといえるだろう。

教育社会学者の本田由紀《ほんだゆき》氏は「戦後日本型循環モデル」という呼び方で、昭和の時代に機能していた「家庭から学校、仕事へ」という人の循環を表現している。不登校やひきこもり状態の子どもを抱える家庭は、この流れにうまく乗ることができない場合がある。

学校は学年刻みで児童・生徒を送りだすため、不登校などで教育を受けられなかった人々の再教育までを担っているわけではない。また新卒一括採用のシステムのなかで、職場での再教育は期待できない。それゆえ子どもが就学や就職に困難を抱えた場合には、家庭が再度子どもを支える場となる。

しかし、家庭は標準的な人生のコースを外れた子どもを再教育するための実質的な機能を備えているわけではない。無事に就学や就職を果たせればよいが、子どもが不登校になったり、ひきこもったり、家族にとって想定外のことも起きる。

学齢期における貧困や、先天性の障害は比較的早期に顕在化するが、年齢が高くなってからの不登校やひきこもりは社会的な支援の対象と考えられず、責任は家庭に帰されやすい。たとえば、ひきこもり状態は大学進学後や、就職後にも生じる。そこに子どもの発達障害や厳しい就労環境の課題が隠れていたとしても、社会的支援は抑制される。親自身も「子育ての失敗」という意識から、責任を自ら抱え込む方向で対応を進める。

このように子どもや若者の育成が「親依存」となりがちな社会では、成人期以降のひきこもりは潜在化されやすい。そして社会の支援がないまま、親が亡くなろうとする時期に至っても、課題が社会化されず、「死後に子どもが生きていけるよう資産を残すこと」を考えざるを得ない親たちもいる。

確かに、経済的に余裕のある親たちが子どもを支える側に回るのは自然なことではあるが、当然ながらそうした選択ができる家庭ばかりではない。また子どもを支える「余裕」のあることが仇《あだ》となり、子どもの精神的な自立や生活面での自立の可能性を奪うことについて、考えていくべきではないだろうか。

図表 4-5　核家族を前提とするひきこもり支援

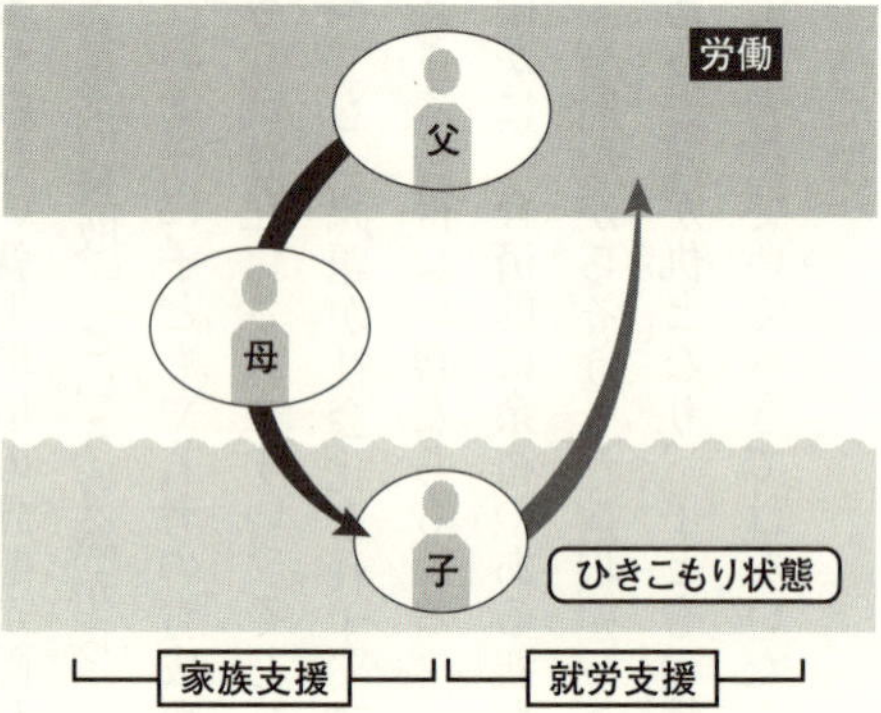

従来の支援の枠組みが直面した限界

若者支援やひきこもり支援は、主に図表4－4の②の時代に合わせて展開されてきたように思われる。支援は主に父親の経済力と母親の教育力を前提としている。支援を受けているあいだも家計は父親が支える必要がある。また本人と家族とのあいだにコミュニケーションが途絶えていたり、折り合いが悪かったりする場合には、母親を中心として人間関係の改善が図られる。

こうして家族関係を立て直し、家族から本人に支援を受けるよう提案ができるようになる。最終的には本人が支援を受け入れ、自立していくという筋書きだ（図表4－5）。

以上のような段階を踏んだ支援は、ごく自然な発想のように思われる。このような流れで社会参加が進むことも多い。だが、こうした方法だけを選択肢として考えることで、それ以外の道筋が浮かんでこなくなることもある。特にひきこもり状態が長期化し、高齢化した場合には、「それ以外の支援観」を試してみる余地があるだろう。

正しい方針は1つと思い込んでいると、そのとおりに物事が進まないのは自分たちが悪いからではないかと考えがちだ。「親が変われば子が変わる」という言葉に、親たちは縛られていく。子どもがひきこもると、「親として何か欠けたところがあったのではないか」という自責の念が働く。そして、その思いが向かう先が「いまだからこそ、もっと父親、母親らしくしよう」というエネルギーになる。たとえば子どもに関心をもたず仕事をしてきたことを反省し、家族のまとまりを何とかして取り戻そうとするのである。

実際には、いかにも「よき母親」「よき父親」として我が子を見守れば見守るほど、子どもの側も家のなかで窮屈に感じかねない。社会と接して、自立していくための多様な道筋が逆に見失われる可能性もある。

私たちは、図表4-4の②で示した両親と子どもだけで構成される家族の時代の限界に直面しつつある。しかし、それを超える新しい家族像をうまく思い描けないために、②の家族の姿に忠実に、親が子育てに専念すれば問題が解決するのではないかと考えがちである。支援者も、まず家族がひきこもり問題の解決に取り組むことを求めることが多い。それは、現代のひきこもり問題や８０５０問題を乗り越えるには無理のある家族像なのではないか。

では、両親による子育てをやり直すような支援観からどのようにしたら抜けだすことができるだろうか。親が家庭内のコミュニケーションを反省し、子どもに支援を受けるように伝える手順は、「子育て」のプロセスを再度実行することに等しい。相手が成人前であれば、家庭から学校へ子どもの背中を押して、自立の方向へ育てていくことは不自然ではないだろう。

しかし、成人した子どもや就労経験のある子ども、高年齢化した子どもの場合、こうした道筋に乗りにくい。本人が望んでいるのは、家族を通じた「子育てのやり直し」ではなく、１人の「大人」としてのニーズをかなえることかもしれない。

「リカバリー」という考え方

ひきこもり支援という場合、家族は通常の生活を送っているなかで、「支援を必要としているのは本人のみ」ととらえられる場合がある。状態を改善させるには、家族はできるだけ本人に協力しなければならないし、本人も一人前の人として生活するには、まずひきこもり状態から脱する必要があるとされる。しかし、こうした考えが本人だけでなく家族を縛ってきたことがここに至って気づかれつつある。

精神疾患のある人が、精神疾患を抱えたままで人としての希望や役割をもって充実した生活を送れるようになる過程を「リカバリー」という。これに従えば、本人も家族も、ひきこもり状態のなかでかなわなかった生活を少しでも実現することが、結局は孤立を解消する近道だと考えることもできる。

社会的に孤立するリスクを抱えているのは本人だけではない。家族全員が孤立を予防し、自分らしい生き方を取り戻す（リカバリーする）ことを支援の目的とする余地がある。

従来のひきこもり支援は「家族→本人」の順番に、「子育てのやり直しを通じて、ひきこもりの解消を呼びかける」という手法を基本にしている。しかし、成人した人が望んでいるのは、親による子育てのやり直しなのだろうか。家族に子育てをやり直す余力があるのかという疑問も浮かぶ。

そして、本人も家族も、ひきこもり支援のメニューではなく幅広い「リカバリー」や孤立予防を呼びかけたほうが、受け入れやすいはずだ。いうまでもなく、ひきこもり状態の解消は簡単ではない。それに向かって重い腰を上げるのは家族も本人も難しい。それよりも、目的を幅広く設定することが必要だと考えられる。

図表 4-6　個人を単位とした包括的支援

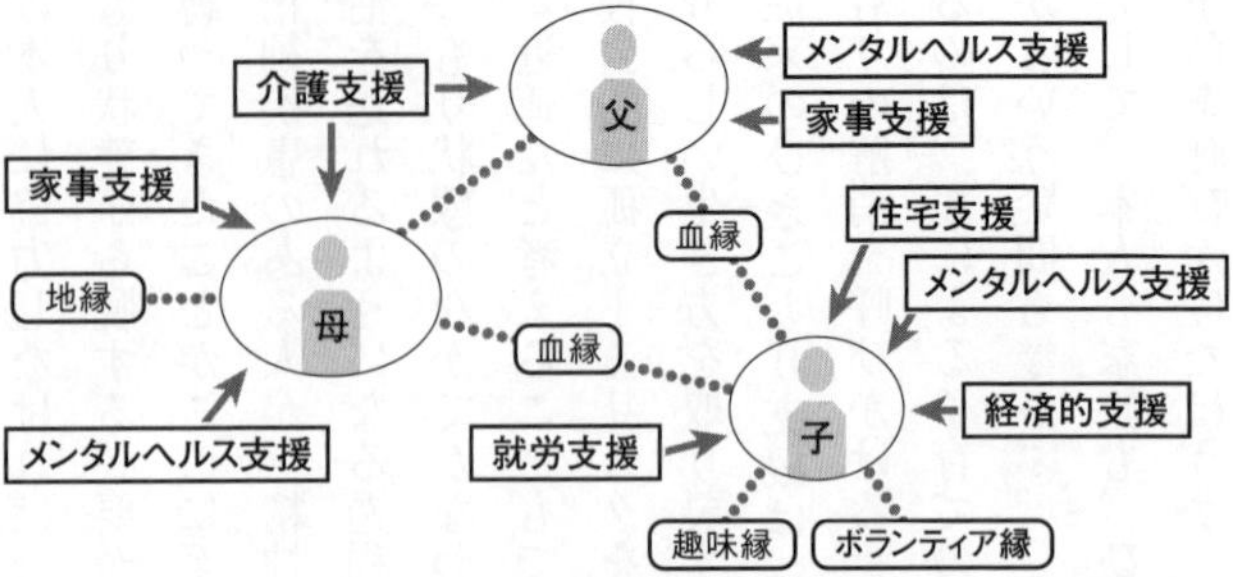

家族への包括的支援とは

家族を単位として「家族→本人」の順に支援をしていく従来のひきこもり支援とは異なり、家族それぞれのニーズをかなえようとするのが個人を単位とした包括的支援（図表4-6）である。この支援は、個人を全方位的に取り囲むように支援のメニューを考えることができる。

通常、自立というと誰にも頼らないで生活することがイメージされがちだ。それに対し、脳性まひの障害がある立場で小児科学などの研究に携わる東京大学先端科学技術研究センターの熊谷晋一郎《くまがやしんいちろう》氏は、「依存先の分散としての自立」という概念を提案している。個人が家族だけに依存するのではなく、発想を変えて、家族外に依存先を増やすことを自立と考えるわけである。

「他人に迷惑をかけたくない」と考えていると、依存先を家族の内側だけに限定し、やがては家族全体が孤立することになりかねない。たしかに家族だけで奮闘しているときは「自立」に向かって歩んでいる気になるかもしれないが、家族にもやがて体力の限界や寿命が訪れる。家族を支える人が減れば、誰か1人の家族に大きな負担がかかるため、「自立」を目指したはずが、特定の人への依存を強めてしまう。それよりは早めに家族以外の依存先をつくっておくべきではないだろうか。

包括的な情報収集で個人単位のニーズを知る

第三章の図表3－1の「包括的な情報収集と支援メニュー」は、本人や家族が抱えるあらゆるニーズを探りだすことを目的にしている。同じ考え方によって、家族単位で支援を考えるのではなく、家族のなかにいる個人それぞれを支援の対象とすることが考えられる。

ひきこもる子をもつ親は、「親」として支援の対象に位置づけられてきた。「子どものことが優先」と考える親たちは、自分の老後に目を向けにくい。ケアすべき子どもがいたとしてもたとえば「70代、80代を迎えた1人の個人」としてのニーズを考慮していく必要がある。親のニーズを積極的に満たすことが、家族を外に向けて開くことにもつながる。親を縛っている親の役割を少しでも解除することが、先に挙げた「リカバリー」でもある。

子ども自身も、子どもとしての役割に縛られている。練馬の事件で父親に殺害された長男は、「勝手に親の都合で産んだんだから死ぬ最期の1秒まで子供に責任を持てと言いたい」とSNSで発信していたとされる。親との同居は、先にみたように、子ども側にとって必ずしも望ましい選択ではない。しかし、無職やひきこもり状態の本人が親以外に頼る先がないまま、結局は「親子」という枠組みに固執せざるを得ないのだとしたら、不本意な結果というしかない。

ひきこもる本人の自由と責任

先進国で生活する若者は、基本的に衣食住には不自由しないと考えられている。第三章で紹介したマズローが提唱した欲求階層論でいえば、基本的欲求は満たされていることになる。しかし、実際にこのニーズ、すなわち基本的な生活条件を確保しているのは親であることが多い。特に図表4－4②の時代の家族では、父親の経済力によって家族の生活が守られる。「生活給」といわれるように、妻子を養うために必要な賃金を、父親が属する企業などから保障された。そのために、家族のなかにいる女性や若者は、たとえ経済力が十分でなくても「貧困」と評価されることはない。生活を保障するべき対象は世帯を代表する父親であって、個人としての妻や子ではなかった。

実際に、ひきこもる子をもつ家族に対して、「本人にお金や家計の話をするべきではない」という助言がされることもある。経済のことを考えるよりも、本人は教育を受けて自立するべきだというのが②の時代のひきこもり支援の考え方である。現代の豊かな若者は、経済的な動機で動かされることはないので、他人から認められる機会を用意するなどのかたちで「承認欲求」に働きかけるべきだとの意見も聞かれる。しかし、それは親元での生活を前提とした議論といえる。それに対して、家族に全面的に依存しない生活を視野に入れた支援を考える必要があるのではないだろうか。

ひきこもり状態の人でも、生活上の自由や責任をもつことを保障されることで、本人が外部との関係を取り戻す可能性もある。たとえば障害年金を受給することで、単に家族に世話になる存在ではなく、自らの判断でお金を使う主体になる例も報告されている。

日本では、自立していない子どもが経済力をはじめ、基本的な生活条件を親に依存することが一般的とされてきた。それとは裏腹に、若者が個人として生活していくような経済的支援や住宅保障の制度が欠落している。ひきこもり問題や8050問題をきっかけに、若者自身が自由と責任を引き受けていくことができるような社会の仕組みを真に考えるべき時期が来ている。

個人単位の自立をどう受け入れていくか

実際には、こうした個人単位の「自立」に対して、ひきこもり状態にある人の親が抵抗を感じる場合が多いのも事実である。福祉の支援を受けながらの自立ではなく、本人が1人で生計を立てられるような「完璧な自立」を理想として描くことも、その裏側にある理由の1つだ。

「誰からみても恥ずかしくない自立が可能になるまでは、家族が支えていきたい」

逆に理想的な自立の機会が来ないのであれば、「家族だけで見守っていきたい」という選択がされがちだ。

だが、家族はバラ色の人間関係が築かれる場所とは限らない。家族同士支え合い、乗り越えていくべき場面も多いだろう。しかし、家庭内暴力があるなら親やきょうだいは別の場所で暮らしたり、本人が独立して生活したりできるよう住居の確保をするなどの総合的な支援が必要になる。また、本人の収入が十分でない場合は、生活保護の受給を提案するなどの支援もある。

このように、親子それぞれが新しい生活を実現できる支援が視野に入れられるべきではないだろうか。その根底には、個人を対象にした包括的な情報収集と、ひきこもり解消に縛られない家族それぞれの再出発、リカバリーが求められる。

家族による見守りの「限界」はどこにあるのか

改めて、家族がひきこもる子どもを見守るうえでの「限界」はどこにあるのか考えてみたい。子どもがひきこもるだけではなく一家全体が困窮し、共倒れの状態で発見された不幸な事件もある。高齢化とともに体が不自由になり、子どもの世話をしてきた親が先に亡くなった場合もある。第二章でみたように、地域包括支援センターが関わっている例では、高齢化した親への暴力やネグレクトが伴う例も珍しくない。

精神科医の斎藤環《さいとうたまき》氏は、家族による見守りの限界設定の基準として、「お金」「寿命」「暴力」の3つを挙げている。

「お金」に関して、生活に困窮する人が利用できる最後のセーフティネットと呼ばれるのが生活保護制度である。その人が利用しうる現金を含む資産、稼働能力その他あらゆるものを生活費に充当しても、なお最低限度の生活が維持できない場合に利用できる。生活保護を申請すると、自治体がその人の収入や資産を調べ、家族に「扶養できるか」を照会する。「親子や夫婦、きょうだい」には民法で定める扶養義務がおよぶが、「互いに一片のパンを分け合う」ような強い扶養義務が生じる範囲は限られている。親は子が未成年のうちは「親と同程度の生活」をさせなくてはいけないが、成人後は親自身の生活を維持し、余裕があれば子どもを援助すればよい。

老齢基礎年金は、年金を受け取るための資格期間を満たしていることなどを条件に65歳になったときに支給される。保険料の支払いが困難な場合は法定免除などの制度があるので、子どもが働いていない場合などは免除の申請を検討するとよいだろう。

「寿命」に関連して、介護保険制度は、加齢に伴って生じる心身の変化に起因する疾病などにより要介護状態となり、入浴・排泄《はいせつ》・食事等の介護などを必要とする人のために必要なサービスの給付をおこなうことを目的とした制度である。本書でも、親の介護サービスの利用を通じて子どもが外部の支援につながった例を紹介した。親自身の高齢化をきっかけにして積極的にサービスを利用することが、家族全体の孤立を防ぐ一歩となる。

また「暴力」はひきこもり状態の約1～2割に伴うともいわれる。斎藤氏は、家庭内暴力と向き合う際に最も重要なのは、「暴力の徹底拒否」という基本姿勢を徹底し、「開示・通報・避難」を基本方針として臨むことだと述べる。

厚生労働省の「ひきこもりの評価・支援に関するガイドライン」（２０１０）では、自傷・他害の恐れが強い場合に関して、精神保健福祉法に基づく措置入院、医療保護入院の制度を紹介している。

限界家族をどう救うか

「婚活」や「終活」、さらには「妊活」「保活」は、いずれも平成の時代に生みだされた言葉である。結婚する、子どもをもつ、働くために子どもを預けるといった出来事は、自然のなりゆきにゆだねられるのではなく、選択して行動しなくては実現できないものに変化してきたようだ。

それでは、どんな家族をつくり、生活していくかは個人の選択の問題になったのだろうか。確かに生き方は多様になったかもしれないが、選ぶための条件は決して平等に与えられていない。

子どもの虐待事件の報道で身につまされるように、子ども自身はどんな家庭に生まれるかを選択できない。私たちの社会は、遅ればせながら、不幸にして家庭で安心して生活できない子どもを保護する仕組みを整えつつある。

平成の時代が始まるころを思い出してみると「親自身が我が子を虐待するなど信じられない。日本において虐待は大きな問題ではない」と感じる人が少なくなかった。児童虐待防止法ができたのは2000年のことである。

同じ2000年には公的介護保険の制度が開始された。子育てと同じく、家庭内の問題と思われた介護を公的なサービスで支えていこうという仕組みである。平成が始まったころの常識は、30年のあいだに塗り替えられつつある。

本章でみてきたように、かつては地域共同体と切り離せなかった家族が、核家族という単位で生活するようになり、家族の内側のことに外部が干渉すべきではないという価値観がひろがった。これが昭和時代の戦後型の家族である。

しかし、核家族が純粋に家族だけで存在できるわけではない。家族を有形無形に支えてきた戦後の企業社会は盤石《ばんじゃく》ではなくなった。また子育てにせよ介護にせよ、家族が「限界」

に達し、それを教訓にして新しい制度がつくられてきた。

8050問題のような老親と子どもとの関係は、こうした変化から取り残された領域の1つなのではないだろうか。戦後型家族を理想の家族モデルにしながら子育てをしてきた世代は、子育て支援や若者の就労支援が本格化するよりもずっと以前に親となった。そのために「子どもの自立は親の責任」という意識から逃《のが》れることが難しい。親の介護を施設に頼ることや、熟年離婚などが一般化したのに比べ、子どもに責任をもち、愛情を注ぐことは家族のなかで最後に残された聖域ともいえる。

こうして限界まで親子だけでがまんを重ね、体力や経済力を使い果たした末に共倒れする家族が現れる。個々の限界家族を救うとともに、社会のなかで限界を迎えた家族像を考え直すべき時期が来ているのではないだろうか。

「親子共依存」を超えていくために

本章で考えてきたように、これまでのひきこもり支援や若者支援は、みえないかたちで戦後型家族の枠組みを前提にしてきたと考えられる。戦後型家族観では、子どもが両親に依存することは大いに奨励され、やがては既存の父親像や母親像のように、独立した生計を営むかたちでの自立を求められてきた。したがって、自立とは両親から得られていた基本的な生活基盤を失い、新たに自分の手で生活を営むことを意味する。

その自立が難しい本人にとって両親との同居がストレスになっても、経済的には同居せざるを得ない。両親の側も、支援を求めているようで、結局は自分たち自身が本人を支えることを望みがちだ。新たな生活基盤を本人が獲得するように強いれば、本人が孤立するのが目にみえているからである。

それに対して前述の熊谷氏による「依存先を増やす」という自立観は示唆に富んでいる。依存先が限られている状況こそ、限界まで家族だけで支える悲劇の背景にあるといえる。仮に子どもだけが自立を強いられても、依存先が得られなくては孤立するだけだ。同じように、家族が単独で自立している状況とは、家族全体の孤立に等しい。

「共依存」という言葉がある。課題を抱えた人を、周りの人（共依存者）が過剰に支えることで、むしろ自立を妨げている状態である。本書では、ここまで敢えて共依存という言葉を使わなかった。しかし、親の役割から降りることができず、子どもを支え続ける親たちの姿をみてまさに「共依存」という言葉を思い浮かべる人も多いと思われる。

教育評論家の尾木直樹《おぎなおき》氏は、反抗期を迎えることが少なくなった10代の子どもたち、子どもが思春期になっても一緒に入浴する親子たちなどを指して、「親子共依存」を示唆している。

しかし、個々の親たちを「共依存的」として批判するだけでは十分ではないだろう。共依存は、家族以外の依存先が乏しい社会の反映ではないか。完璧な自立を焦って孤立するのではなく、家族以外の依存先を増やし、小さな困りごとから共有するようなアイデアを出し合っていく必要がある。

川崎市と練馬区で起きた不幸な事件を数十年後に振り返ったとき、家族の限界を超えて新たな家族観をつくりだすきっかけとして記憶されていることを願いたい。

第三章に引き続き、伴走型支援の例を山田孝介氏に執筆していただく。ひきこもり状態の子どもがいるために、親は自分自身の生活を楽しむことをあきらめる。ときには両親が暴力を甘受し、また高齢になっても老後の生活を考えることができないケースもある。繰り返しになるが、本人を含めて、家族各々の生活の質を向上させるために、家族全体の情報を集めて支援策を講じる必要がある。

老いた両親が経済面や精神面で疲弊していては、ひきこもる本人を含めて全員が孤立しかねない。家族という単位での生活にとらわれず、それぞれが独立して生活の基盤を立て直すことが求められる場合もある。

また、ひきこもる本人を、一方的に支えられる側としてとらえるのではなく、老親や支援者とともに家族の今後を考える場に加わってもらうことで、本人の自信や自由な判断力が取り戻されることもあるだろう。

家族全体の支援にも決まった正解はないが、いつの間にか閉ざされる家族内の人間関係に、新しい風を入れるような試みとして、本書の最後に山田氏の支援例をお読みいただきたい。

支援事例 3　ひきこもり状態にある人は斉田亨さん（仮名、20代）
家庭内暴力に悩んでいた父親の智樹さん（仮名）と母親の峰子さん（仮名、ともに50代）には通報や避難といった対応策を伝えた。暴力を再発させないために智樹さんたちとは別々に生活を営むことになった。

ひきこもりのきっかけ

亨さんは中学を卒業して地元にある車の整備会社で働きはじめたが、職場の人間関係に悩みひと月で退職した。コミュニケーションが得意でなく、先輩にからかわれるのが苦痛だったという。

しかし、その理由に納得できなかった父親の智樹さんは亨さんを叱責。それをきっかけに暴力が始まった。亨さんが投げつけたコップが智樹さんの眉尻を直撃。亨さんはいままでずっと自分がいじめられてきたことや、相談したくても智樹さんたちが聞く耳をもたなかったことを夜通し訴えた。

これにショックを受けた智樹さんと峰子さんは、亨さんの話や意向をよく聞くことにした。そうすることで亨さんが元気になると思ったからだ。しかし、現実は違った。亨さんは次第にお金を催促するようになり、拒否すると暴力をふるうようになった。

「俺はもうまともに外で生活できる人間じゃない。そうなったのもお前たちのせいだ」

そんな言葉をたびたび口にするようになった。峰子さんは亨さんの変化にショックを受けつつも、亨さんがゲームや漫画を求めるとすぐに用意するなど、言いなりの日々が続いた。一方、智樹さんは亨さんと将来に向けた話をしようと試みたが、峰子さんから「刺激しないでほしい」と止められ、何もできなくなってしまった。こうして時間だけが過ぎていった。

ひきこもりの状態

その日、事務所に出勤した私を待ち構えていたのは智樹さんだった。話を聞くと、家庭内暴力で困っているので助けてほしいとのことだった。智樹さんの顔には複数のあざがあり、目もとが腫れていた。前日の深夜、亨さんと口論となり暴力をふるわれたので抵抗したところ、収拾がつかなくなったという。仲裁に入った峰子さんに外へ出るよう求められてそのまま公園で一夜を明かし、NPOの窓口に来たようだった。

現在に至るまでの経緯や暴力の状況などひととおり話を聞いてから、家族としてとるべき対応を伝えた。具体的には、亨さんを刺激するような言動は控えつつも、決して暴力は受け入れないという毅然《きぜん》とした態度をとることである。暴力を受けたときは暴力で対応せず、その場から避難し、場合によっては警察へ通報するように説明した。

避難や通報などの行動を起こした場合、家族が再度本人に接触するタイミングや、その際の言葉がけなどによって、その後のなりゆきが変わる。そのため、行動を起こす際は必ず相談してほしいと伝えた。今後の希望がみえたようで、智樹さんは「妻とも相談する」と言って帰っていった。

支援のアプローチ

それからひと月がたったころ、ふいに斉田家がどうなっているか気になり、智樹さんに連絡をとった。すると、智樹さんもまた相談のため来所しようと思っていたところだったという。

「あれから何度か息子の暴力がありました。そのたびに避難や通報を考えたのですが、息子に一生恨まれるのではないかと思い、実行できていません。仮に避難をした場合、もし警察に通報すれば大事になり、近所の皆さんにも迷惑がかかります」

私はまず家庭内暴力の対応に取り組む家族の支援グループを紹介した。両親と支援者が話し合うだけでは家庭内暴力への姿勢を変えていくことは難しいため、同じような立場の家族たちと定期的に集まって互いの経験を語り合い、ひきこもり問題への対応を継続的に学ぶ必要があると考えたからだ。

集まりに参加する人たちにはすでに避難や通報を経験した親たちも多く、経験談を聞くことで、いざ行動した際に自分たちがどうなるか、どうすべきかを想定できる。智樹さんと峰子さんは定期的にグループの会合に顔を出すようになった。

その後も斉田夫妻と定期的に面談を続けた。会合への参加の影響もあり、家庭内暴力を抱え込まずに外へ出してみようという気持ちが少しずつ醸成されつつあると感じた。

亨さんによる暴力は慢性的に発生していたため、智樹さんは避難するアパートを借り、万が一避難した場合、自分たちの居所を息子に教えないように親戚にお願いするなど準備を少しずつ進めていった。

そんな矢先、「生活音がうるさい」と怒った亨さんが智樹さんに暴力をふるおうとしたのを機に避難を実行した。このとき私は3つの方針を立て、2人に伝えた。

①亨さんに何かしらのかたちで連絡をとり、暴力があるうちは帰れないことをはっきり伝える。

②生活を続けていけるように支援することを伝える。

③自分たちも高齢でできることとできないことがあるため、支援機関（私が運営するNPO）にも相談していることを伝える。

これらのことを伝えるため智樹さんは亨さんに連絡をとろうとしたが、ひどく抵抗されるのではないかという思いから手紙を書くことにした。しかし、亨さんには郵便受けを確認する習慣がないため、目を通さない可能性もある。そこで私が代理で持参した。自宅を訪ねると、亨さんがすぐに姿を現した。ドアの前に立っていたのが私だけだったことに非常に驚いた様子であった。

訪問した事情を亨さんに話すと、「ご迷惑をおかけしました」と丁寧に頭を下げた。その様子は智樹さんたちから聞いていたものとはずいぶん違う印象だった。「両親はいまどこにいるんだ」と激しく詰め寄られることも考えていたが、そういったことはなく今回の経緯を話しはじめた。両親に暴力をふるった後悔ややるせなさ、そうするしかなかった理由など、苦しい胸のうちを明かしてくれた。

預かった手紙を渡し、今後のことに触れると、「親をみると感情がコントロールできない」と亨さんは打ち明けた。そこで、しばらく両親と離れて暮らすことを提案した。経済的なことを含めた今後の支援などは後日また相談すると伝え、この日はひとまず帰ることにした。智樹さんたちにそのことを伝えると、困った様子で訴えがあった。

「高齢の母親が倒れ、介護が必要だと医師から連絡がありました。私は一人息子なものですから、アルバイトも辞めざるを得ず、亨への生活支援が難しくなりました」

それを聞いた私は智樹さんに自身の生活を優先するよう伝えた。困窮を押して無理を続けると、親子共倒れの危険もあるからだ。できることとできないことを明確に整理し、公的な制度を利用できるかどうかを一緒に検討していくことにした。

そこでまずは亨さんの健康状態や今後の希望などをひととおり聞き取ったうえで、利用できる可能性のある制度について説明をおこなった。人ごみに出ると動悸《どうき》と息苦しさがひどく、家に帰ると必ず寝込んでしまうとのことだったので、私は医療機関に同行した。当面の生活費がいちばんの不安材料だったが、医師から「現状での就労は難しい」という診断があり、ただちに一般企業での就労を目指すことはできないと分かった。

その後、落ち着きを取り戻した亨さんは、就労移行支援事業所を利用し、就職を決めた。両親と一緒に暮らすことも検討したが、ささいなことでまた暴力をふるうのではないかという懸念が払拭《ふっしょく》できないため、亨さんが実家を出て一人暮らしをし、智樹さんたちが家に戻ることになった。亨さんの収入では生活費が不足するため、生活保護を受給し、その後も一人暮らしを続けている。

支援者の視点から

家庭内暴力に長年悩まされる家族は多い。最初に暴力が生じたとき、毅然とした対応をとれないと慢性化してしまい、介入が難しくなりがちだ。この事例では、通報や避難に躊躇する家族を支えるための支援団体を紹介している。結果として、暴力の再発を防ぐために家族と本人それぞれが別の世帯を営むことになった。

家族が一体となって本人の自立を支えることだけが最善の方法ではなく、ときには家族それぞれの生活の質を保つために、生活の単位をいったん別々にして解決への道を探っていくことが必要である。

支援事例 4 ひきこもり状態にある人は畠山明彦さん（仮名、50代）会社を欠勤し、家賃を滞納していた明彦さんを父親の昭吉さん（仮名）が自宅に連れ戻したが、妻一絵さん（仮名、ともに80代）の看病もあり、家族全員が大きなストレスを抱えていた。

ひきこもりのきっかけ

大学卒業後に首都圏で就職して一人暮らしを始めた明彦さんが、家族に連絡をすることはほとんどなかった。

就職して3年が過ぎたころ、「息子さんが出社してこないが、一体どうなっているのか」という電話が、聞いたことのない会社からかかってきた。明彦さんから聞いていた会社名と違ったため、本人に確認をとろうとするが一向に連絡がつかない。そこで明彦さんから勤めていると聞いていた会社に電話をすると、すでに退職していることが判明した。

心配になった昭吉さんたちが明彦さんのアパートを訪ねると、髪の毛が肩まで伸びたひげ面の息子がドアを開けた。話を聞くと、どこで働いても仕事のミスが多く、自信を喪失しては離職し、また次を探すという繰り返しであったという。現在もなかなか出社ができず、家賃も滞納しており、すぐにでも追い出されそうになっていることが分かった。このような状況で息子に一人暮らしをさせるわけにはいかないと判断した昭吉さんたちは、滞納分の家賃を精算し家に連れ戻すことにした。

ひきこもりの状態

私のところに相談に訪れた昭吉さんは、膝に重度の関節リウマチを抱えているとのことでつえをついていた。ひきこもる息子を何とか自立させてほしいという相談だった。

明彦さんは、当初仕事探しに精力的な様子だったが、就職先はなかなか決まらなかった。こうした状況が続いたある日、明彦さんの気持ちが切れてしまう。布団から起き上がれなくなったのだ。部屋から出てくるのは食事のときだけで、時間は不規則だった。昼夜は逆転し、起きているときは布団の上で過ごすことが多くなった。

業《ごう》を煮やした昭吉さんが明彦さんを叱責したところ、つかみ合いになり、以降は昭吉さんと顔を合わせても話をしなくなった。こうした状況が20年以上続いた。

家のなかで明彦さんと話をするのは、一絵さんだけであった。ときどき買い物に付き合うなど、一絵さんとだけは比較的関係がよかった。その一絵さんに昨年がんが見つかり手術をしたが、予後が思わしくなく、現在も抗がん剤治療を続けている。

一絵さんは治療が始まってから、以前のように家事ができなくなった。明彦さんが手伝うようになったが、昭吉さんと顔を合わせるのが気まずいのか、買い物に出かけるのはいつも深夜だった。昭吉さんにとっても、痛む足を抱えながら慣れない家事をするのは相当な負担で、家のなかはあっという間に散らかっていった。それが昭吉さんのストレスになっているようだった。

支援のアプローチ

さらに話を聞くために、後日、私から出向くことにした。玄関にはごみ袋がたまっており、においがこもっていた。通されたリビングの床には新聞紙があちこちでうずたかく積まれ、テーブルの上には書類やチラシ、薬の袋などが散乱していた。

昭吉さんが状況を説明する。

「ここにあるものの大半を本当は捨てたいのですが、捨てると本人が怒るんですよ。大切にとってあるものだって。息子の部屋をみてください。ひどいものですから」

明彦さんからも話を聞きたいと思い、昭吉さんに声をかけてもらったが、返事はなかった。昭吉さんは何とか明彦さんを自室の外に出そうとしたが、ひきこもり状態にある人の意に反して相談を勧めても、逆効果になる場合が多い。まずは明彦さんの負担にならないように、手紙と支援窓口の情報誌を置いて、この日は帰ることにした。

その後、昭吉さんから電話があった。

「訪問していただいた日、息子が荒れるようなことはありませんでした。お預かりした冊子がごみ箱に捨てられているようなこともありませんでしたし、彼なりにいろいろと考えているのでしょう。それよりも大変なのは妻のほうです。抗がん剤治療をいまにも増しておこなう必要があるらしく、そのたびに入院です。治療費がかさんで大変です」

昭吉さんは自宅やこれまで集めてきた骨董品《こっとうひん》の売却を考えていると、やや混乱気味に話した。一絵さんの治療が今後どうなっていくのかを確認するため、一絵さんが通う病院のケースワーカーを昭吉さんとともに訪ねることにした。場合によっては治療費の減免制度を利用できる可能性もあるからだ。

ケースワーカーの話では、治療には時間を要するようで、相応の医療費がかかることが判明した。畠山家の経済状況を説明すると、すぐに減免制度を利用できることが判明したので、早速手続きを進めてもらった。これにより、すでに払った医療費の一部が返ってくることや、今後の治療費は限度額までに抑えられることも分かった。

昭吉さんはこう話した。

「『医療費の支払いに困ったら、いつでもご相談ください』というポスターを病院の廊下でみたことがありましたが、もっと困っている人のための制度で、自分たちには関係ないと勝手に思い込んでいました。いつの間にか自分たちもそういう状況になっていたんですね」

経済的な不安が和らいだのもつかの間で、今度は昭吉さんに災難が降りかかる。戸棚の上にある調味料を取ろうと乗ったいすから足を踏みはずし転倒してけがをしたのだ。幸い骨折には至らなかったが、痛みが強いことから車いすを使うようになった。主治医と相談した結果、介護保険の居宅介護サービスの利用が決まった。

介護保険サービスの利用調整をしているあいだに明彦さんにも変化があった。いままで昭吉さんを避けるように生活していた明彦さんが、車いす生活になった父親を気遣い、ときどき声をかけるようになったのだ。

後日、明彦さんが私に会うことを決意したきっかけについて、このように話した。

「あるとき、テーブルの上に置いてあった父の通帳をみてみたら残額が思っていたよりもずっと少なくて。父を問い詰めたら突然泣きだしたんです。いつも怒ってばかりの父が泣いた姿を初めてみて、我が家が〝限界〟に来ていることを知りました」

家族が疲弊していくなかで、明彦さんの心情も変化し、外部に支援を求めることを考えはじめたという。

「父や支援者の方から渡されたパンフレットをみていなかったら、どこにも相談していなかったと思います」

明彦さん自身ではどうしようもなくなり外の機関に頼ることにしたという。家族や周囲の人たちの働きかけがなければ、最悪の事態を迎えていたかもしれないとも話した。

明彦さんは、生活困窮者自立支援制度の就労準備支援事業を利用することになった。明彦さんの住んでいる地域の自治体では、就労準備支援事業の内容として、介護施設の清掃作業に週に数日参加し、日中の活動リズムを取り戻しつつ施設職員とのコミュニケーションをとり、一般企業への就労に向けたプログラムが用意されていた。

明彦さんは清掃作業に数週間参加してみたが、それまで避けていた外との接触はストレスがたまることが多く、無断でプログラムを休むこともしばしばで、それをとがめる昭吉さんと衝突することもあった。昭吉さんも、車いす生活の不自由さもあってか、気持ちが不安定になりやすく、その様子を間近で見ているヘルパーによると認知症の症状も現れはじめているという。

支援者からの視点から

8050問題を抱えた家族は、子どものひきこもりだけでなく父母それぞれの健康問題、経済的な困窮、住環境の悪化など、複数の課題に直面していることが多い。家族のキーパーソンが一家を支えるために孤軍奮闘しているが、その人が力尽きれば、家族全員が共倒れしかねない。

支援者は家族全体をトータルにとらえ、緊急度の高い課題から対応していくことが求められる。この事例では、困りごとをきっかけに家族が支援者や支援制度の存在を知り、親子それぞれが悩みながらも生活を安定させる道を模索している。

おわりに

社会的孤立はすぐそこに

「なぜ、いまになって、ひきこもりの高年齢化や8050問題が深刻になってきたのでしょうか」

ここ2～3年、新聞やテレビの記者の方から取材を受けるたびにこうした質問を受けるようになった。詳しくは本書で論じたとおりだが、人口構造や若者の雇用環境の変化など複数の要因が重なり合い、深刻な問題を生みだすタイミングをいま迎えているのではないかというのが筆者の考えである。

ひきこもり問題が若年層特有の課題としてとらえられてきた時代もあった。しかし、先に述べたような複合的な理由からひきこもり問題は明らかに長期化・高年齢化しているため、問題はより複雑化し、社会から孤立する人に支援のアプローチを試みることは容易ではない。

「どこまでが親の役割なのでしょう」

「老親介護のために仕事を辞めた人はどうやって社会復帰したらいいのですか」

「親子関係に不安をもちながら、長い老後をどう生きていけばよいのでしょうか」

親子共倒れのニュースが報じられるたびに、人々の声を代弁した質問が記者の方から投げかけられるようになった。現代の日本において、社会的孤立はすぐ隣にある。そのことを実感している。

知られざる8050問題の実相

8050問題が単なる「大人のひきこもり」として論じられることがある。そのたびに問題の本質や実相が知られていないことに筆者は焦燥感を抱いている。

平成の時代、「ひきこもり」「ニート」「フリーター」といった社会問題を表す新しい言葉が生まれた。これらの問題を解決すべく、国は若年者の就労支援などいくつかの対策をおこなったが十分とはいえず、未解決の課題が積み重なった。私たちはその〝つけ〟に向き合っているといえないだろうか。

既述のとおり、この国には一度社会から離脱した人を支える仕組みが乏しい。子どもと高齢者の合間にいる「壮年期」の人への社会的支援が不十分であり、その人たちを支えるのは家族だけだ。成人した子どもであっても家族が責任をもたなければならないという意識は、文化に根ざした家族観のなかにもある。社会の表面的変化に比べて、私たちの心の奥底にある文化や感情は変わりにくいことも認めなくてはいけない。そのような思いを込めて、本書を『８０５０問題の深層』と題した。

８０５０問題の多様な実像や、一人一人に合わせた対応策は決して十分に明らかになっているわけではない。多くの人たちが切実な課題として受け止めはじめている現在を起点に、さらなる実態把握や支援の取り組みが進むことを強く期待したい。

この場をお借りして、本書のもとになった調査研究でお世話になった方々にお礼を申し上げたい。ひきこもりを経験した方やそのご家族、支援者の方のお話は有形無形に本書の基礎となっている。

また、文部科学省の科学研究費助成事業は20年近くにおよぶ研究の支えとなり、厚生労働省からＮＰＯ法人ＫＨＪ全国ひきこもり家族会連合会が受託した社会福祉推進事業は長期化・高年齢化の課題に本格的に取り組むきっかけとなった。

ＮＰＯ法人オレンジの会の山田孝介氏には、支援現場の最先端に迫る多くの事例を本書のためにご提供いただいた。

最後になったが、本書を緊急出版することを提案してくださったＮＨＫ出版の祝尚子氏に感謝したい。ひきこもり問題や８０５０問題は、分かりやすい正解が存在するテーマではない。限られた時間のなかで、何度も立ち止まりながらの執筆作業になったが、その都度粘り強く次のステップを示してくださった。

本書が社会的に孤立する人の一助になることを願い、筆をおく。

２０１９年８月

川北稔

おもな参考文献

第一章

・内閣府『生活状況に関する調査（平成30年度）』（２０１９年発表）
・内閣府『若者の生活に関する調査（平成27年度）』（２０１６年発表）
・厚生労働省『10代・20代を中心とした「ひきこもり」をめぐる地域精神保健活動のガイドライン』（２００３年発表）
・厚生労働省『ひきこもりの評価・支援に関するガイドライン』（２０１０年発表）
・川北稔「曖昧な生きづらさと家族――ひきこもり問題を通じた親役割の再構築」『家族研究年報』35（家族問題研究会、２０１０年）
・文部科学省「主な発達障害の定義について」『特別支援教育について』
http://www.mext.go.jp/a_menu/shotou/tokubetu/004/008/001.htm
・日本ＬＤ学会編『ＬＤ・ＡＤＨＤ等関連用語集〈第４版〉』（日本文化科学社、２０１７年）
・文部科学省「通常の学級に在籍する発達障害の可能性のある特別な教育的支援を必要とする児童生徒に関する調査結果について」『特別支援教育について』（２０１２年発表）
http://www.mext.go.jp/a_menu/shotou/tokubetu/material/__icsFiles/afieldfile/2012/12/10/1328729_01.pdf
・斎藤環『社会的ひきこもり――終わらない思春期』（ＰＨＰ新書、１９９８年）

・NPO法人KHJ全国ひきこもり家族会連合会『長期高年齢化したひきこもり者とその家族への効果的な支援策及び長期高年齢化に至るプロセス調査・研究事業　報告書』（2017年発表）
・春日キスヨ『百まで生きる覚悟――超長寿時代の「身じまい」の作法』（光文社新書、2018年）

第二章

・毎日新聞「『引きこもり傾向』市に相談」（2019年5月30日付）
・時事ドットコムニュース「児童襲撃の容疑者『引きこもり傾向』＝親族が市に相談、接触はせず－川崎」（2019年5月29日）　https://www.jiji.com/jc/article?k=2019052900971&g=soc
・春日キスヨ「ニーズはなぜ潜在化するのか――高齢者虐待問題と増大する『息子』加害者」、上野千鶴子・中西正司編『ニーズ中心の福祉社会へ――当事者主権の次世代戦略』（医学書院、2008年）
・NPO法人KHJ全国ひきこもり家族会連合会『長期高年齢化する社会的孤立者（ひきこもり者）への対応と予防のための「ひきこもり地域支援体制を促進する家族支援」の在り方に関する研究　地域包括支援センターにおける「8050」事例への対応に関する調査　報告書』（2019年発表）
・藤森克彦『単身急増社会の希望――支え合う社会を構築するために』（日本経済新聞出版社、2017年）
・内閣府『平成28年版　少子化社会対策白書』（2016年発行）
・下田裕介「団塊ジュニア世代の実情――『不遇の世代』を生み出したわが国経済・社会が抱える課題」（日本総研『JRIレビュー』Vol.5, No.66　2019年）
・内閣府『平成26年度　一人暮らし高齢者に関する意識調査結果』（2015年発表）

・岸恵美子『ルポ　ゴミ屋敷に棲む人々――孤立死を呼ぶ「セルフ・ネグレクト」の実態』（幻冬舎新書、２０１２年）
・ＮＰＯ法人ＫＨＪ全国ひきこもり家族会連合会『潜在化する社会的孤立問題（長期化したひきこもり・ニート等）へのフォーマル・インフォーマル支援を通した「発見・介入・見守り」に関する調査・研究事業　報告書』（２０１８年発表）
・厚生労働省「自立相談支援事業の実施状況・委託先一覧」（平成30年7月時点）
https://www.mhlw.go.jp/content/000377987.pdf

第三章

・文部科学省『生徒指導提要』（２０１０年発表）
・長野県ひきこもり支援センター『ひきこもりサポートブック』（長野県精神保健福祉センター、２０１２年）
・厚生労働省『ひきこもりの評価・支援に関するガイドライン』（２０１０年発表）
・井上慧真『若者支援の日英比較――社会関係資本の観点から』（晃洋書房、２０１９年）
・佐賀新聞「県が支援センター開設」（２０１７年5月16日付）
・南日本新聞「しぼむニート支援」（２０１６年10月23日付）
・山梨日日新聞「扉の向こうへ　山梨発ひきこもりを考える」（２０１７年3月18日付）
・ＮＰＯ法人ＫＨＪ全国ひきこもり家族会連合会『潜在化する社会的孤立問題（長期化したひきこもり・ニート等）へのフォーマル・インフォーマル支援を通した「発見・介入・見守り」に関する調査・研究事業　報

告書』（２０１８年発表）
・朝日新聞「居場所見つけ、戻った笑顔」（２０１９年6月16日付）
・金子努『「地域包括ケア」とは何か――住み慣れた地域で暮らし続けるために必要なこととは』（幻冬舎ルネッサンス新書、２０１８年）

第四章

・内閣府『平成28年度 高齢社会白書』（２０１７年発行）
・春日キスヨ『百まで生きる覚悟――超長寿時代の「身じまい」の作法』（光文社新書、２０１８年）
・湯沢雍彦、宮本みち子『新版 データで読む家族問題』（ＮＨＫ出版、２００８年）
・博報堂生活総合研究所『生活者の平成30年史』（日本経済新聞出版社、２０１９年）
・博報堂生活総合研究所「家族30年変化」調査データ　https://seikatsusoken.jp/family30data
・統計数理研究所「日本人の国民性調査」　https://www.ism.ac.jp/kokuminsei/
・文部科学省『学校基本調査』
・日本学生支援機構『平成26年度　学生生活調査報告』（２０１６年発表）
・尾木直樹『親子共依存』（ポプラ新書、２０１５年）
・住宅政策提案・検討委員会『若者の住宅問題――住宅政策提案書〈調査編〉』（ビッグイシュー基金、２０１４年）
・全国引きこもりＫＨＪ親の会（家族会連合会）『ひきこもりの実態およびピアサポーター養成・派遣に関するアンケート調査報告書』（２０１５年）

・岩上真珠編著『「若者と親」の社会学――未婚期の自立を考える』(青弓社、2010年)
・春日キスヨ「ニーズはなぜ潜在化するのか――高齢者虐待問題と増大する『息子』加害者」、上野千鶴子・中西正司編『ニーズ中心の福祉社会へ――当事者主権の次世代戦略』(医学書院、2008年)
・広田照幸『日本人のしつけは衰退したか――「教育する家族」のゆくえ』(講談社現代新書、1999年)
・大和礼子『オトナ親子の同居・近居・援助――夫婦の個人化と性別分業の間』(学文社、2017年)
・岩間暁子・大和礼子・田間泰子編著『問いからはじめる家族社会学――多様化する家族の包摂に向けて』(有斐閣、2015年)
・本田由紀『社会を結びなおす――教育・仕事・家族の連携へ』(岩波書店、2014年)
・マーク・レーガン著、前田ケイ監訳『ビレッジから学ぶリカバリーへの道――精神の病から立ち直ることを支援する』(金剛出版、2005年)
・熊谷晋一郎「依存先の分散としての自立」、村田純一編『知の生態学的転回 第2巻技術――身体を取り囲む人工環境』(東京大学出版会、2013年)

「支援事例」執筆・事例提供

山田孝介（やまだ・こうすけ）　1984年生まれ。NPO法人オレンジの会代表理事。2004年、愛知県名古屋市でひきこもり状態にある人への支援活動を開始し、2013年より現職。家族会の運営サポートや訪問支援、居場所づくり、就労支援などさまざまな角度から問題に広く携わっている。

編集協力　手塚貴子
校閲　小森里美
DTP　滝川裕子

川北 稔 かわきた・みのる
1974年、神奈川生まれ。愛知教育大学教育学部准教授。
名古屋大学大学院博士後期課程単位取得修了。
社会学の立場から児童生徒の不登校、若者・中高年のひきこもりなど、
社会的孤立の課題について調査・研究を行う。
共著に『「ひきこもり」への社会学的アプローチ――メディア・当事者・支援活動』(ミネルヴァ書房)、
近刊に『シリーズ「子どもの貧困」4 大人になる・社会をつくる』(明石書店)など。

NHK出版新書 596

8050問題の深層
「限界家族」をどう救うか

2019年8月30日 第1刷発行

著者 川北 稔 ©2019 Kawakita Minoru
発行者 森永公紀
発行所 NHK出版
〒150-8081 東京都渋谷区宇田川町41-1
電話 (0570) 002-247(編集) (0570) 000-321(注文)
http://www.nhk-book.co.jp (ホームページ)
振替 00110-1-49701

ブックデザイン albireo
印刷 壮光舎印刷・近代美術
製本 二葉製本

Printed in Japan ISBN978-4-14-088596-3 C0236

NHK出版新書好評既刊

554
国語ゼミ
AI時代を生き抜く集中講義
佐藤 優
教科書を正確に理解する力をベースに、AIに負けない「読解力+思考力」を養う。著者初の国語トレーニング、練習問題付き決定版!

555
日本百銘菓
中尾隆之
知る人ぞ知る実力派銘菓から、定番土産の裏話まで。無数に存在する銘菓のなかから百を厳選し、エッセイ形式で紹介する。オールカラーの決定版!

556
古生物学者、妖怪を掘る
鵺の正体、鬼の真実
荻野慎諧
鬼、鵺、河童……古文献を「科学書」として読むと、怪異とされたものたちは、全く異なる姿をあらわす!? 科学の徒が本気で挑む知的遊戯。

557
脳を守る、たった1つの習慣
感情・体調をコントロールする
築山 節
60代を過ぎて老年期を迎えた脳は「鍛える」のではなく「守る」もの。「1日1頁、5分書くだけ」で、脳の機能は維持することができる!

558
こうして知財は炎上する
ビジネスに役立つ13の基礎知識
稲穂健市
五輪、アマゾン、いきなり!ステーキ、漫画村……。身近な最新事例で複雑化する知的財産権の現状と「トラブルの防ぎ方」が学べる実践的入門書!

559
藤田嗣治《フジタ》がわかれば絵画がわかる
布施英利
日本人として初めて西洋で成功した破格の画家・藤田嗣治。その作品世界の全貌を3つのキーワードで追い、絵画美術の普遍の見方を導く。

NHK出版新書好評既刊

ジェロントロジー宣言
「知の再武装」で100歳人生を生き抜く
寺島実郎
自分と社会を変えていく学問「ジェロントロジー」。なぜ必要なのか？ どう身に付けるべきか？ 知の巨匠による、新・学問のすすめ。
560

平成論
「生きづらさ」の30年を考える
池上彰 上田紀行 中島岳志 弓山達也
二〇一九年四月三十日、「平成」が終わる。東工大リベラルアーツ研究教育院の教授四人が、「宗教と社会」を軸に、激動の時代を総括する。
561

子どもの英語にどう向き合うか
鳥飼玖美子
2020年からの小学校英語「教科化」が不安視されている中、親がとるべき姿勢とは？ 早期英語教育の問題点も提起しつつ、その心得を説く。
562

試験に出る哲学
「センター試験」で西洋思想に入門する
斎藤哲也
ソクラテスから現代思想まで、センター倫理20問を解き、解説とイラストを楽しむうちに基本がサラリと身につく。学び直しに最適の1冊！
563

薩摩の密偵 桐野利秋
「人斬り半次郎」の真実
桐野作人
幕府と雄藩の間で繰り広げられた情報戦とは？ 西南戦争開戦の本当の理由とは？ 激動の時代に暗躍した謎に満ちた男の実像に迫る、初の本格評伝。
564

サバイバル英会話
「話せるアタマ」を最速でつくる
関正生
今まで誰も教えてくれなかった「スモールトーク」の具体的な作法と万能のテクニックを1冊に凝縮！ 大人気カリスマ講師による新書・第3弾。
565

NHK出版新書好評既刊

大乗仏教
ブッダの教えはどこへ向かうのか
佐々木閑
「自己鍛錬」を目的にした釈迦の教えは、いつ、どこで、なぜ、「衆生救済」を目的とする大乗仏教に変わったか？「対話」から大乗仏教の本質に迫る。
572

フロムに学ぶ「愛する」ための心理学
鈴木晶
愛は、誰もが生まれながらに持っているものではなく、学ぶべきものだ。ベストセラー『愛するということ』の翻訳者が、フロム心理学の奥義を極める。
573

キャッシュレス覇権戦争
岩田昭男
日本で吹き荒れるキャッシュレスの大嵐。300兆円消費市場を誰が制するか？「信用格差社会」をいかに生き抜けばよいか？現金消滅時代の正体！
574

世界史を「移民」で読み解く
玉木俊明
文明の興亡、産業革命と列強の覇権争い、ヨーロッパ難民危機……。「人の流れ」はいかに歴史を変えたのか!? 経済史研究の俊英が明快に説く！
575

学校では教えてくれない！
英文法の新常識
鈴木希明
「学校英文法」の世界は、時代と共に大きく変化している！多くの人が高校時代に習った古い情報と比べながら読み解く、目からウロコの現代英文法。
576

さまよう遺骨
日本の「弔い」が消えていく
NHK取材班
遺骨・墓問題に翻弄される人々の声を広範かつ丹念にすくい上げたNHK取材班が、「無縁化」する社会における弔いの最近事情をリポートする。
578

NHK出版新書好評既刊

592
ふしぎな鉄道路線
「戦争」と「地形」で解きほぐす
竹内正浩
東京〜京都の鉄道は東海道経由じゃなかった? 山陽本線の難所「瀬野八」誕生の理由は? 九州の幻の巨大駅とは? 史料と地図で徹底的に深掘り!

593
明るい不登校
創造性は「学校」外でひらく
奥地圭子
不登校に悩む親子の駆け込み寺・東京シューレの創始者が、変化する現状を的確に描き、不登校経験者の豊かな将来像を経験に基づき説得的に示す。

594
救急車が来なくなる日
医療崩壊と再生への道
笹井恵里子
119番ではもう助からない!? 都心の大病院から離島唯一の病院までを駆け巡ったジャーナリストが、救急医療のリアルと一筋の希望をレポートする。

595
幸福な監視国家・中国
梶谷懐
高口康太
習近平政権のテクノロジーによる統治が始まった。なぜ大都市に次々と「お行儀のいい社会」が誕生しているのか!? その深層に徹底的に迫る一冊!

596
8050問題の深層
「限界家族」をどう救うか
川北稔
若者や中高年のひきこもりを長年研究してきた社会学者が、知られざる8050問題の実相を明らかにし、従来の支援の枠を超えた提言を行う。